Les recueils

Le premier recueil, *Le Renard Rouge Court :* Poèmes 2011–2016
emmène le lecteur dans les espoirs et les désillusions des cinq
premières années de la vie à New York d'un jeune de la génération
Y. Le renard rouge, symbole de l'aspiration personnelle, explore
les thèmes majeurs du recueil : identité, échec et réinvention.
D'autres poèmes revisitent les thèmes du passage à l'âge adulte :
fin de la jeunesse et recherche d'un but.

Le Renard Rouge aide à comprendre un monde en grand
besoin de réflexion.

La culture ne peut progresser sans ruptures.

LE RENARD ROUGE COURT

/ Joseph Adam Lee

Poèmes: 2011-2016

Red Fox Runs Press
New York, New York

RED FOX RUNS PRESS
909 3RD AVENUE
#127
NEW YORK, NEW YORK 10150
États-Unis d'Amérique

Une Marque de The Rebel Within

Première édition : 2026

Note de l'Éditeur
Ceci est une œuvre de fiction. Les noms, personnages, lieux et incidents sont soit le produit de l'imagination de l'auteur, soit utilisés de manière fictive. Toute ressemblance avec des personnes réelles, vivantes ou décédées, des établissements commerciaux, des événements ou des lieux existants serait purement fortuite.

L'éditeur n'exerce aucun contrôle sur les sites Web de l'auteur ou de tiers, ni n'assume de responsabilité quant à leur contenu.

Remerciements
Éditeur de contenu : Sam Hughes
Conception de la couverture et de la mise en page : Eleni Rouketa
Traduction de l'américain : Sophie Troff

Informations de Contact
Courriel : joe@therebelwithin.com
Sites Web : www.josephadamlee.com
Instagram : @joseph.adam.lee

Données de Catalogage à la Bibliothèque du Congrès (CIP)
Lee, Joseph Adam. 1986-
Le Renard Rouge Court : Poèmes 2011–2016 / Joseph Adam Lee.

LCCN : 2025922233

ISBN : 978-1-946673-10-7 (Broché)
ISBN : 978-1-946673-36-7 (Relié)
ISBN : 978-1-946673-11-4 (Livre numérique)
ISBN : 978-1-946673-37-4 (Livre audio)

À *Evariste Bisson*

Table des matières

Quand la course s'arrête	20
Voyage	22
Le banc public	23
Complainte de l'écrivain	26
Silences des nuits glaciales	27
Le compromis de l'artiste	30
L'Homme de la ligne Jaune	32
Dextre marcheur	34
Triste jour à Rockaway	35
Nous continuerons à courir tant que vous marcherez	37
Clochard et arnaque	39
Un clown silencieux dans une salle pleine de rire	41
Le rebord attend ton saut	45
Heure de départ : 22h26	46
La caisse	49
Elle ne sait pas	51
La création et le créateur	52
Poème d'amour pour Linda	55
Réveillé et l'esprit rugissant.	56
Laisse briller	58
Écris	61
La rue de mon quartier	62
Vivre dans le souvenir d'hier	63
Images en miroir	66
Trottoirs d'octobre	67

Commence sans direction 68

Réaliste avec l'amour et les femmes 70

Les gens du dehors 72

Cracheurs de feu 73

Filmer dans l'obscurité 76

Bohémien 78

Comme un écho 80

Si vous me donnez un bon point, je chierai dessus 83

D'un texte dont je ne me souviens pas 85

Le bazar du tableau de bord 86

La frontière est mince entre le bonheur et la lutte,
et tu as tendance à pencher du côté de la lutte 89

Tacos au guacamole 90

Ses pages 92

Repoussoir 96

Bagarres nocturnes 98

La beauté de la foule 100

Belmont 102

C'est plus proche que tu l'imagines 104

Génie 106

Je fais semblant d'être de ce côté 108

Brique de lait 109

Le fardeau abandonné 110

#modedevie 113

Le complexe 114

Le tour sauvage 116

La journée de travail 119

Sommeil léger 121

Élan vers elle 122

Dérive avec les autres ou déplace le curseur 126

Virée 128

Tous les chemins de la jeunesse finissent à Austin, Texas 129

Je ne résiste pas – je devrais – mais ne le fais pas. 133

Penne alla vodka 134

Les combattants de l'UFC 136

L'autre côté du temps 139

Échecs américains 140

Les pas de la ville 146

Erreurs 148

Tombe la pluie 149

Le loser 150

Je te rachèterai bien mon âme,
mais nous sommes fauchés, bébé. 154

Regarder à droite 157

Des idiots inconstants 158

Un verre pour oublier la solitude 160

La trajectoire de la plume 163

Sexe 164

Branle-bas de combat 167

Les petits riens 169

Promenade de santé sur la 34e avenue   171

Une foule à trois   175

Iceman   176

Un mot d'excuse qui ne valait pas la peine d'être envoyé   178

L'homme que j'étais   182

Netflixinitis   183

Danser avec les mots   184

Qui trouve, garde   186

Promotion   187

Amitiés passagères   189

Rêve éveillé   191

Va vers la musique   192

Ne te vante pas au vent   193

Nervosité   197

Troubles à New York City   199

Yeux   200

Tout risquer   203

Étang   205

Café renversé   207

Si tu dois   209

Putain de merde   211

Jolie imperfection   213

Feuilles   215

Verre brisé   216

La compagnie des jeunes   217

Le Soleil brillera demain 220

Fuir la folie qui m'habite 221

Le Grec à la station Astoria-Ditmars 223

Un épuisement teinté de simulacre 225

Entre les lignes 226

Coincé 227

Le bruit intérieur 229

Retour au point de départ 230

Une tête de déterré 232

La colère grondera 234

Si tu es distrait, Alors tu es comme tout le monde 235

Elle, récurrente 236

Comédien dans la vraie vie 238

Sourire 239

DESTIN LIQUIDE 241

Bruit de la ville 243

Le mouvement des touches 244

Sous la pluie, la fumée s'élève 245

Le carillon du vendeur de glaces 247

La brûlure du souvenir 249

Calculateurs incompétents 250

Jalousie 252

Même ensemble, on est seul 254

Écrire quand tu crois être vidé 255

Une sculpture n'est rien d'autre que le fruit...

de l'imagination d'un autre 257

Coincé... encore une fois 259

Grondement de l'homme 261

Temps perdu 263

Beauté normale 265

Laisser mon esprit s'exprimer 266

Dégoupille 269

Saute 270

Désir partagé et puis... rien 272

Hartford Bound 273

Les poussettes 274

Nos pas seront souvent mal assurés 276

L'Australienne et Frank 277

Ressaisis-toi 278

Un monologue intérieur devrait se taire par moments 280

La lutte n'est pas réelle 286

Pause-café 287

Une magnifique pâte brisée 289

Je porte la honte 291

Le Renard Rouge Court 293

Le Renard Rouge Court

La réinvention est un choix.
Ne le laisse pas passer.

Quand la course s'arrête
(Urgence de la jeunesse)

Tu ne le sauras pas avant de t'écrouler.
Ton pouvoir d'invincibilité va disparaître.
L'incertitude va te nouer les tripes.

Cela se produira sans doute après une longue fin de soirée.
Tu détesteras tout de ce matin-là :
L'environnement
Les gens
L'histoire...
Tu pourrais même te haïr.

Prends-le comme un cadeau,
Un réveil.
Tu glanderas toute la journée
En regardant des vidéos sur YouTube
Et en mangeant des macaronis au fromage
Mais, même avec la gueule de bois, réfléchis.

Le bonheur est proche.
Le ciel aura une autre lumière demain.
Les rues vibreront.
Les couleurs seront à nouveau vives.

Tout peut changer.

Cette douceur te semblera étrangère.
Elle peut t'effrayer.
Mais elle indiquera
Le moment de faire un choix.

Tu pourrais l'ignorer : tu n'es peut-être pas prêt.
Mais, si tu veux changer,
Quand tu entendras l'air te souffler la vérité à l'oreille,
Alors tu sauras qu'il est temps de changer.

Le changement a du bon.

Alors, fais-le sans attendre.

Putain, fais-le !
Sinon, tu perds du temps.

Les distractions sont faciles.
Et tu peux suivre leurs rails aussi longtemps que tu veux.
Cours pieds nus si cela te chante.
Plante tes pieds profondément dans les graviers.
Mince, devient partie intégrante du terrain.
Toi seul peux arrêter.

Alors arrête de courir.
Arrête !
Pendant que c'est possible.

Voyage

Ton voyage est une vie entière passée à
Chercher, questionner et viser la réalisation.
Le but est toujours subjectif.
Tu arriveras là où tu veux.
Ton instinct t'aidera à repousser tes limites,
Et tu deviendras
Bon
Mieux
Meilleur
Que ton ancien Moi.

Personnellement, je ne suis pas séduit par
La route sans fin des possibilités.
J'ai envie de partir à l'aventure.
Je ne crois pas à l'enracinement.
La stabilité me bride.

La fatuité ne laisse aucune place à la découverte.

Mon feu, il brûle, crame mes veines
Et mes artères en provoquant des frissons inattendus
Quand le sang circule dans mes organes.
L'inspiration n'est jamais planifiée,
Mais jaillit spontanément
Au hasard d'une rencontre
Une pensée
Une image
Un son
Un sentiment.

Cherche en toi, trouve quelque chose,
Et envole-toi pour ce voyage inattendu.

Le banc public

En allant au travail, je passe devant un banc public.
Il est vert, souvent inoccupé, et
Bien des gens, comme moi, n'y prêtent pas attention.

Je me demande si le banc se sent ignoré.
Je me demande si un banc peut être solitaire.

Il a pourtant l'air au bon endroit,
Situé sur la bordure sud-est de Central Park.
Peut-être que les gens s'y assoient et parlent de leur vie.
Discutent des gros titres récents
Du Times ou du Wall Street Journal.
Racontent des anecdotes auxquelles ils
N'ont pas pensé depuis un moment.
Peut-être qu'une histoire d'amour y est née,
Ou qu'un homme amer y a brisé le cœur de sa maîtresse.

Peut-être que quelqu'un a trouvé la paix après
S'être assis sur le banc.

Une fois, au milieu de la nuit,
J'ai vu un homme s'allonger sur le banc.
Le banc ne se soucie pas de cela.
Il a sa raison d'être
Comme une table d'harmonie
Comme un ami inattendu
Comme un endroit où repartir de zéro
Comme... un foyer.

Je ne sais pas si j'aurai un jour le temps
De m'asseoir sur le banc du parc.
Je pense à quitter cette ville bientôt.

Mais je sais où est le banc ; il y restera... toujours,
Immobile et sans état d'âme,
vide d'émotion, mais plein de sa responsabilité ;
Seul en permanence, mais avec de la compagnie.

Ça peut rendre jaloux.
Je devrais vraiment prendre un café et
Renouer le contact avec un vieil ami,
Peut-être lui faire part de mes pensées, assis
Sur le banc public.

Si tu offres à quelqu'un une tranche de pain rassis,
Il ne la mangera pas,
Mais si tu la tartines de beurre de cacahuète,
Il l'avalera sans doute.

Complainte de l'écrivain

Parfois, j'abhorre l'écriture.
C'est un fardeau,
Qui me rappelle que mon esprit va si vite
Que je peine à le suivre.

Le temps ne permet pas de tout saisir.

Pourtant j'essaie.
Je la laisse me consumer.
Je suis accro aux souvenirs.
Rien ne doit jamais m'échapper.
Même l'insignifiant.
Même le rappel futile.
Je le fais mien.
Qui sait ?
Peut-être me sera-t-il utile un jour.
Peut-être qu'il m'aidera à comprendre
Ce que je veux dire
Ce que je devrais dire
Ce que je pourrais dire.

Pourtant j'essaie.
J'essaie de le saisir.
Au risque de le voir partir.
Tant de gens le prennent pour acquis.
Moi pas.
Je fais tout mon possible.
Chaque gribouillage m'est précieux.
Chaque tournure préservée.
Chaque mot.
Tout cela.

Pourtant j'essaie.
J'essaie de me souvenir.

Silences des nuits glaciales

On se gelait dans la queue.
Geler est un peu fort
Il faisait froid, plutôt.
Un froid désagréable,
Mais pas un froid mordant.
Qu'importe, il faisait froid.

Je ne voulais pas être là.
Non je ne le voulais pas, mais c'était un samedi
Sans rien de mieux à faire.
En fait si, j'avais bien mieux à faire,
Mais je voulais traîner avec Brad et Jasper.
Stacy était là aussi.
Elle fumait. J'ai pris une taffe.
Je voulais l'impressionner,
Et tout le monde le savait,
Même Stacy.

JP s'est pointé. Il était le promoteur du club.
JP avait du bide et, je ne sais trop pourquoi
Cela m'agaçait franchement.
Voilà quatre ans qu'il travaillait au Suite 36.
Quatre ans à vendre son club à des gens rasoirs.
JP l'était aussi, mais tout le monde le voulait comme ami.
Même moi, bon sang, j'essayais d'être son ami :
Pour qu'il me fasse entrer au plus vite !
Ai-je déjà dit qu'il faisait froid ?
Soit, mais pas si froid que ça.

Je me trouvais ennuyeux,
Et un peu nul, aussi,
Debout, là, à attendre d'entrer dans une boîte
Qui suintait encore plus la nullité.
Voilà quatre heures que nous buvions.
J'étais ivre. Je ne voulais plus toucher à la bouteille.
Ces derniers temps, je m'en étais fait une ennemie,
Brad et Jasper livraient le même combat.
Stacy, je n'aurais pu le dire.

Elle semblait sobre.
Je ne l'avais croisée que quelques fois,
Quatre, tout au plus.
Je la trouvais plus radieuse que jamais.
Je ne lui disais pas, mais Jasper et Brad savaient
Les sentiments qu'elle m'inspirait.
J'espérais qu'ils restent discrets.
Nous sommes arrivés en tête de file,
Où deux noirs baraqués nous ont barré la route.
35 $ pour une entrée.
Tu parles d'une arnaque !
Nous avions déjà claqué 50 $ chacun ce soir-là.
J'ai demandé à mon nouvel ami, JP, de nous faire rentrer à l'œil.
Il a baissé le tarif à 20 $ l'entrée.
Va te faire voir, JP !
Quel gros con !
J'étais jaloux de lui.
Trois filles, pendues à son cou, l'embrassaient.
J'aurais aimé que Stacy fasse pareil avec moi.
Où n'importe quelle autre fille d'ailleurs.

JP souriait comme un phoque quand nous sommes partis.
Hors de question de payer 20 $.
Hors de question d'entrer dans cette boîte.
Si nous n'avions pas croisé JP, nous aurions sans doute
payé.
Heureusement, nous n'en avons rien fait
Cela aurait été une belle arnaque.
Je n'avais qu'une seule envie,
Nous poser chez Brad et Jasper pour bavarder.
Je voulais que Stacy vienne aussi.
Elle était plus jeune que nous de corps, mais pas d'esprit.
C'était ce qui me plaisait chez elle,
Mais je ne pourrais jamais lui dire.

Je voulais parler à tout le monde.
Tout le monde, sauf JP
Parce que, comme je l'ai dit, il était un gros con.
De quoi voulais-je causer ?
De choses
Et d'autres, qui comptent vraiment.

Sans trop savoir lesquelles
Ni ce qu'elles pourraient être,
Mais, nous aurions fini par trouver, je le sais.
À défaut, un sujet de conversation nous aurait trouvés.

Nous n'avons pas parlé.
Nous avons pris un taxi pour un autre bar,
Nous avons claqué un autre billet de 50 $,
Puis c'est le noir complet jusqu'au matin.
J'étais déçu.
Nous aurions dû rester au chaud.

Une fois les coups de marteau dans mon crâne atténués,
J'ai envoyé un texto au barman pour m'excuser
D'avoir été ivre et grossier.
Puis Jasper est parti pour la salle de sport,
Je me suis posé avec Brad.
Nous avons fait ce que j'avais tant souhaité la veille :
Nous avons parlé,
Nous avons parlé simplement.
Et après avoir terminé,
J'aurais aimé parler encore,
En vain,
Désormais c'était le silence.

Le compromis de l'artiste

Un pincement de jalousie
Dû à la réalisation imminente
Que le succès ne viendra pas,
Même si tu l'appelles de tout ton cœur.
Pourtant, l'artiste doit mettre en danger sa sensibilité.

Comment s'épanouir sans folles intentions ?

Alors sois délibérément vulnérable, et crée.

À moins de créer, un esprit se gâche.

L'Homme de la ligne Jaune

Après une énième nuit de beuverie,
Et maintes tentatives de séduction,
Certaines réussies
D'autres ratées
J'arrivais à la station de métro N, Q ou R
Plus communément, la ligne Jaune.

J'aurais dû prendre un taxi,
Mais l'alcool m'avait ruiné.
Des verres pour moi
Pour mes amis
Pour mes « nouveaux » amis
Pour n'importe qui, en somme, prêt à boire avec moi.
Pire encore,
Je ne savais combien j'avais dépensé.
Les additions, ces ovations imprimées sur papier fin,
Au matin me rappelleront le nombre
De verres de gin et de toniques
D'Indian Pale Ale
De Cabernet.
Je devrais les collectionner et
Demander aux barmen de les signer comme des cartes de baseball,
Ou aux filles de les embrasser.
Elles y laisseraient de ravissantes traces de rouge à lèvres.
Peut-être un autre soir.

L'épicentre bourdonnant de la ville n'est que vide.
Times Square projette en vain ses lumières
Alors que je rejoins le quai du métro.
Les mendiants se mélangent en paisible harmonie.
Ils me dévisagent.
Se reconnaissent-ils en moi
Lorsqu'ils avaient mon âge ?

Quel labyrinthe, ce monde souterrain.
C'est là que je l'aperçois,
L'homme en mosaïque sur le mur de la station
Toujours vêtu de son manteau marron.

Son haut de forme recouvre à moitié son visage carrelé,
Comme d'habitude.
Son écharpe orange caractéristique lui tient chaud.
Je lui demande l'heure.
C'est un jeu auquel nous jouons
Entre 3 h et 5 h du matin.
Il ne répond jamais.
Je me moque de son visage figé.
Je ris seul.
Je laisse là l'homme constamment rivé à sa montre.
Je remarque une nouvelle affiche de cinéma à côté de lui.
Je tapote son épaule plate.
Je dois seulement me rappeler trois choses quand je le vois :
Gauche, droite, droite.
La deuxième à droite après le kiosque.
Si seulement j'avais quelques dollars.
J'achèterais des chips ou des cacahuètes,
Quelque chose pour occuper mon esprit privé de sommeil.

J'attends la navette spatiale souterraine.
Lorsqu'elle arrive, j'y entre et je m'assois.
Je vois jaillir des étincelles électriques
Quand le métro s'engage sur le pont de Queensboro
Et
Enjambe l'East River.
Je pense,
Une autre nuit,
Il me tarde de rentrer.

Dextre marcheur

Si mes doigts pouvaient parler, ils hurleraient.
Ils se fendraient et saigneraient
De la colère familière à bien des hommes.
Ne cherchant rien de plus que la chance,
Non
La possibilité d'être entendus.
Je pense que c'est pour cela que j'écris.
En ce vendredi soir
Avec une bière à ma droite,
Il faut du courage pour écrire.
Rien n'est plus beau que cette liberté :
Nulle restriction, nul protocole,
Nulle circulation limitée.
Je peux contrôler, dessiner et parcourir les rues.
Et puis, hé !
Si ça vous déplaît,
Foutez le camp de mon chemin !

L'avenue des rêves brisés est un mythe.

Elle déborde de ceux dont les doigts coupés saignent
Et qui s'empressent de les panser.
Le faste et le glamour ne sont qu'au second plan.
Ce n'est pas la finalité.
Vous pouvez me croire.
La solidarité suffit à vous combler
Pour toute une vie, si tant est que vous l'acceptiez.
Puis elle se mêle à la jouissance,
Et vous pousse le long du chemin qui mène à la misère.
Moi-même je le suivrai, sans le laisser me happer.
J'aurai beau trébucher, je suivrai ce chemin.

Triste jour à Rockaway

Je te tenais.
Tu étais si fragile que je n'osais bouger.
Non, je ne le pouvais.

Tu étais comme du sable.
J'avais peur de relâcher ma poigne.
Je t'ai serrée plus fort, plus près
Luttant contre le vent marin.

Si mon étreinte avait faibli
Je t'aurais perdue.
Tu aurais dévalé le long de mes bras,
Te brisant et t'amalgamant en un millier de grains,
Fondus dans l'étendue marron clair,
Dans l'attente du destin fatal
Tel un mercenaire décrépit.

L'océan t'a rappelée à lui.
Les vagues se sont approchées,
T'invitant à t'enfuir.
Il aurait pu te recouvrir entièrement.
Disparue
Disparue, alors, dans une mixture salée.
La plus hostile acquisition.
Mais je t'ai tenue, tenue toujours plus fort.

Je n'étais pas prêt à perdre notre amour.

Le cri d'une bête blessée vient de l'intérieur.

Nous continuerons à courir tant que vous marcherez

(Blizzards de New York)

Le sol détrempé ne me gênait pas :
Mon Maine natal connaît des hivers semblables.
Étrangement, ces matins blancs me manquent.
Ce jour-là, je l'admets, je me serais bien passé du vent.

« Annulé, » ont-ils dit.
« Les trains sont à l'arrêt. »
« Tout le monde devrait prendre un jour de congé. »
Je ne peux pas prendre un jour de congé.
Non, ces salauds veulent me presser
Jusqu'à la dernière goutte.

Il était 8 h 10 du matin.
Il me fallait plus d'une heure pour m'y rendre à pied.
Sur la route je n'ai croisé personne,
Sinon des Martiens jaunes et verts
Aux yeux réfléchissants,
Et pas de main... Aucun n'avait de main.

Le pont de Queensboro était à la fête.
Je n'étais pas le seul à devoir me rendre au bureau.
« Hé ! Pourquoi ce train roule-t-il » a dit un Martien, doigt tendu.
« Stop ! Laisse-nous monter, mec ! » a ajouté un autre martien.
Il ne s'est pas arrêté.
Il a suivi son tracé.
Il s'est moqué de nous.
Le conducteur a passé la tête à la fenêtre et crié : « Annulé. »

Le train crachait de la neige brune dans notre direction.
Les gouttes visqueuses étaient comme des cailloux,
Mais la neige sale ne nous effrayait pas.
Elle me rappelait l'époque
Où je lançais des boules de neige sur ma sœur
Avant de la conduire à l'école.

Je suis enfin arrivé sur la rive de Manhattan
Il me restait cinq avenues à traverser avant d'être au bureau.

En approchant, je vis des gens jaillir de terre
À la sortie de métro Lexington et 59th
J'ai demandé : « Hé, les trains ont-ils repris ? »
Une fille m'a dévisagé comme si j'étais taré.
Je ne le suis pas ; je voulais juste me renseigner.
Elle a dit : « Oui, ils ont repris à 9 h ».

J'ai regardé ma montre.
Il était 9 h 15.
Merde, ai-je pensé.
Je suis en retard au travail.

Clochard et arnaque

L'homme semblait si désemparé
Peut-être n'était-ce qu'une feinte,
Comme tant d'autres mendiants qui en sont passés maîtres.

Je connais une fille, Shirley, qui toujours
Braille qu'elle a besoin d'argent pour ses gosses.
Je me demande où sont ses enfants.
Comment peut-elle déambuler
De rame en rame, sans eux, toute la journée ?
Comment peut-elle se payer une baby-sitter ?

Je sais, je sais.
C'est du cinéma.
Un jeu quotidien d'acteur.
Sans-abri
Et dans le besoin.

Les arnaqueurs savent abuser de notre empathie.

Ils ont leur angle d'attaque,
Qui ne diffère pas tant de derrière un bureau
Où nous fuyons les responsabilités et attendons l'aumône.
En vérité, les clochards sont très actifs
Quand on y pense.
Ils font quelque chose,
Au lieu de regarder l'horloge
En attendant le salaire hebdomadaire.
Mes amis me trouvent idiot
De dilapider mon argent en leur en donnant.
« Tu encourages les escrocs, mec. »
Peut-être que je le suis.
Peut-être ?
J'imagine que je suis trop gentil.
Je veux croire que leurs intentions sont possiblement pures,
Tu comprends ?
Est-ce si difficile de concevoir que ce type
Si gêné,

En mauvaise passe,
Vulnérable,
Ce brave type mériterait qu'on lui lâche la grappe ?

On a tous besoin d'un peu de répit.

Sans même s'en rendre compte,
Certains d'entre nous sillonnent la vie de répit en répit.
Ce type me demande un dollar.
Je lui en donne cinq.
Il me dévisage.
Je ne peux distinguer si ça fait partie de son jeu ou non.
Je n'en ai cure.
J'espère seulement l'avoir aidé.

Peut-être était-ce le répit dont il avait besoin
Pour se remettre sur pieds
Pour retrouver l'estime de soi
Pour savoir que le répit existe
Et lui donner l'occasion
D'esquisser un putain de sourire pour de bon.

Quoi qu'il en soit, je ne veux pas de cet argent.
Il finirait par me pourrir l'âme.
À certains égards,
Je m'accorde aussi un répit.
Donc, d'une certaine façon, le clochard et moi vivons du même racket.
Si seulement il y avait plus de vagabonds.
Je devrais me balader
Avec des billets de cinq dollars en poche.

Un clown silencieux dans une salle pleine de rire

(Réunion professionnelle)

Ça recommence.
Une salle remplie d'imbéciles jacasseurs.
Chacun essaie de prouver son intelligence.
Ils disent des choses qu'ils ont déjà dites une centaine de fois.
Ils grognent et jettent des regards perçants
Avec toujours plus de questions odieuses.
Ils placent des doigts sous leur menton.

Ouais, je fais la même chose,
J'agis comme eux.
Nous faisons tous des efforts,
Mais nous ne savons rien, bordel.
Ce n'est que du bruit et du pipeau,
Comme tout le reste ces derniers temps.

« Qui est ce clown qui essaie de me dire comment penser ? »
« Ce bouffon a l'air plutôt jeune. »
« Ah, il ne sait rien – c'est juste un putain de gamin. »
« Il ne comprend rien à rien. »
« Je ne suis pas d'accord, je pense que vous êtes largué, là. »

« On va fout' ce clown mal à l'aise. »

Il va bien – en fait, il a raison –, mais ils s'en fichent.
Ils sont à fond,
Tous contre un et délibérément obtus.

Le bouffon essaie de convaincre les esprits bornés.
Ils sont obstinés.
Ils se protègent de la peur,
Mais ils ne le diront jamais.
Ils vont se fragiliser, mais pas autant qu'ils devraient.

« Il a l'air intelligent, mais il a encore du chemin à faire. »

Je ne sais pas pourquoi ils font cela.
Je ne sais pas pourquoi tout le monde fait cela.

Dans quel l'intérêt.

Je suppose que c'est l'orgueil.
Nous avons tous besoin de nous sentir importants.
Nous avons tous besoin de nous sentir observés.
Je ne m'intègre pas,
Je ne dis pas un foutu mot,
Et c'est exactement ce qu'ils apprécient.

À la minute où le clown partira,
Celui qui est plus intelligent que nous autres,
Ils font faire comme s'ils n'en avaient pas besoin.
Ils vont tous jouer.
Comme tout le monde :
Un monde rempli d'acteurs,
Se moquant des gens qui ne jouent pas.

J'ai honte d'être un acteur.
J'ai honte d'avoir ri.
J'ai honte que les clowns ne rient pas.
Si on écoutait les clowns, peut-être pourrions-nous progresser,
Peut-être n'aurions-nous pas à jouer,
Mais cela n'arrivera pas,
Oh, non.

Nous ne laisserons pas les clowns prendre le dessus,
Mais j'encourage le clown.
J'espère que le clown fasse cesser leurs rires.
J'espère que le clown leur ferme leur gueule.
J'espère que le clown fasse taire leurs grognements, et que leurs
yeux s'écarquillent.
J'espère que le clown les empêche
De se tenir le menton de leurs foutus doigts.
J'espère que le clown gagne.
J'espère que le clown l'emporte dans un rire.

Ai-je jamais eu tort ?
Eh bien, je crois que la vraie question est :
Ai-je jamais eu raison ?
Ma réponse... serait : rarement.

Sans

Croissance

Il

N'y

A

Rien

Le rebord attend ton saut

Il y a un rebord,
Tu sais ?
Je veux sauter de là.
Je volerai peut-être ou peut-être pas,
Peut-être ferai-je une chute vertigineuse.
Je sais qu'il serait plus facile de reculer.
Oui, il serait plus facile de revenir
À la routine, à la normalité,

À ma zone de sécurité.

Je ne peux pas !
Si je le faisais, je marcherais à reculons
Dans mon ombre.
Quand tu voles, ton ombre te précède.
C'est seulement quand tu t'écrases que ton ombre te rejoint.

Le temps me rappelle ce que je n'ai pas accompli,

Ce que je veux faire,
Où je veux être.
C'est un tic-tac dans mon oreille, agaçant.
Je me gratte pour le faire taire,
Mais ne peux m'en débarrasser.
J'en ai besoin autant que je le méprise.
Il est là,
Et
Il est un rappel
Il me pousse
Il nourrit ma motivation.

Le plus drôle est que si je saute,
Je ne sais pas ce que je vais faire.
Que se passe-t-il une fois qu'on a sauté ?
Je ne connais personne qui l'a fait.
Les gens se tiennent debout sur le rebord de la grandeur,
C'est tout ce que je sais pour le moment.
Aucun d'entre nous ne devrait s'aviser de regarder en arrière.

Heure de départ : 22h26
Heure d'arrivée : Inconnue

Le moteur ronronnait d'aisance, rebondissant de la ligne blanche
sur la droite vers la ligne double-réfléchissante-jaune-non-attends-
discontinue-non-attends-continue sur la gauche.
Les bandes seules guidaient le véhicule qui fendait le film d'air
translucide.
Les images étaient instantanées, laissant le conducteur se souvenir
d'instants à toute allure, mais la bobine ne finissait jamais.
Il gardait la trace des traînées lumineuses :
Elles lui rappelaient d'où il venait.
Elles lui indiquaient où il irait ensuite,
Mais ce n'était jamais une garantie.
Il aurait aimé voir chaque moment,
Mais les phares du camion étaient plus lumineux au centre
Et faiblissaient sur les côtés.
Cela lui faisait rater certaines choses.
Il voulait vivre davantage d'expériences.
Ce désir insatiable le faisait enrager.

Était-il en train de se ranger ?

L'ambivalence du voyage
Était la réalité de la vie du conducteur.
Il contrôlait les mouvements du véhicule par la vision,
Mais régulièrement il franchissait les lignes, perdait la notion du
temps, faisait un détour juste pour être arrêté
Par un barrage routier.
Des yeux le regardaient,
L'aveuglant épisodiquement.
Les intermédiaires rouge, orange, vert
Sur lesquels il n'avait aucun contrôle.
Parfois, il était entièrement rouge,
Pour se demander quoi faire ensuite,
Puis vert à nouveau,
L'accélérateur au plancher.
Les orbes orange dans le ciel
Étaient reliés, traçant des sourires niais.
Les silhouettes des bras et des doigts
De la forêt pointaient vers le haut.

Le flou aurait dû le détourner de son but ;
L'inattendu, grande inconnue, aurait dû l'insécuriser,
Mais non.
Les limbes inspiraient le conducteur.
Il pensait à
Suivre les lignes
Rester au milieu
Rester au milieu
S'arrêter au croisement
Suivre la direction.

La fourche de la route approchait.
Il ne pouvait la voir,
Mais il savait qu'elle serait là.
Elle avait été là avant,
Et parfois le brouillard avait suspendu sa décision.

Par moments il aurait aimé
Pouvoir tourner et aller dans le sens inverse.

Cette fois-ci, à la fourche, les lignes indiquaient la gauche.
C'était la bonne route.
Il y aurait des obstacles limités... et... elle était plus sûre.

Le conducteur tourna à droite.

Les lumières, les lignes, les directions avaient disparu,
Mais à la fin
Il arriva chez lui.

Je me fiche de la vanité
Tant que les gens disent que je suis beau.

La caisse

Je jongle avec des boîtes de thon :
C'est la seule chose que je peux me payer.
Je n'achète même plus de mayonnaise.
Pourquoi ?
Disons que je préfère acheter une boîte de thon en plus.

La pile est haute et je la tiens en équilibre
Contre ma poitrine.
J'utilise même mon menton comme étau.

Cette ville ne peut pas me briser.

Je sais que je vais réussir,
Je sais que c'est seulement temporaire.
Je ne laisserai rien m'abattre.

La caisse est à deux pas
Et elle est libre – attends...
Bon sang.
« Allez-y, » dis-je à la vieille dame.
Le chariot est assorti aux mèches bleues de ses cheveux.
De la litière pour chat, du lait
Et une miche de pain blanc.

Je songe : « allez, je suis pressé. »
« Oui, le lait coûte 2,39 $ »
« Non, il n'y a pas de promotion sur la litière. »
« Payer en petite monnaie ? Ce sont des pence ? »
« Elle n'a pas assez pour le pain ?
Vous devez plaisanter ! »

Je pose les boîtes,
Que le tapis rapproche de la caissière.
Je regarde le pain.
Elles regardent le pain.

Des regards vides ne résolvent rien.

La caissière le ramasse
Et s'apprête à le remettre à l'employé de rayon.
Je l'arrête.

Je regarde les yeux verts de la vieille dame,
Ses paupières se plissent de contentement.

Je prends une des boîtes et
La tends à la caissière.
« Je vous dois ? »
Je lui tends deux dollars.
Elle pose le pain sur un sac en papier
Au-dessus de la litière pour chat.
La vieille dame m'étreint.
Elle sort.

Je regarde la pile moins haute de boîtes.
Paiement.

Elle ne sait pas

Du rouge à lèvres rouge
Un sac Longchamp
Une veste Barbour bleu marine
Une bouteille de vin emballée (sans doute du Pinot Grigio)
Une boîte de chocolats Godiva
Et l'appréhension.

Elle se demande : « suis-je assez bien ? »

Convient-elle au rôle ?
Elle regagne son siège, le regard confus.
Elle s'interroge sur ses décisions.
A-t-elle fait le bon choix ?

Elle serait belle sans les marques.
Elle serait parfaite sans rien.
Difficile de le dire en raison de son masque,
Mais
Elle ne le sait pas.

Elle le porte depuis trop longtemps.

La création et le créateur

Le créateur doit être seul.
Il doit rester dans l'ombre
À travailler à son ouvrage,
Ouvrage qu'il est né pour réaliser.

Le travail, les distractions, les femmes et les hommes
Pourraient ne pas comprendre le créateur.
Ils ne peuvent pas,
Car il est dévoué à sa création.

Attention.

N'oublie pas ton ouvrage.
Accroche-toi,
Ne laisse pas les non-créateurs le voler
Ne les laisse pas le malmener
Ne les laisse pas l'altérer.

Ne les laisse pas le gâcher.

Ce serait le pire.
S'il te plaît, je t'en conjure !
Par-dessus tout,
Ne les laisse pas le gâcher.

La création est la seule voix dont dispose le créateur.
Il ne parle que lorsqu'il est prêt.
Le créateur est patient avec lui-même.
Le créateur est patient avec les non-créateurs.

C'est le silence maintenant.
Silence
Silence
Silence
Toujours le silence.
Est-il temps d'être entendu ?
Silence !
Est-il temps de parler ?

Silence !
Le créateur a besoin de silence.

Le créateur doit faire attention.
Le créateur doit croire en sa création.
Sa création n'est pas un objet à vendre.
Sa création est destinée à inspirer.
Elle est destinée à connecter les non-créateurs.

La création est une intention.

Le bruit commence,
Le volume dépasse la capacité.
Les éclairs gondent.
La création est prête.
Le créateur doit être seul.

Dis quelque chose d'important.

Poème d'amour pour Linda

Mon cœur bat un deuxième temps.
Te connaître est douloureux.
Comment puis-je vaincre ce sentiment,
Un élan émotionnel qui n'a aucune chance d'atteindre son but ?

L'amour est une instance
Un moteur
Une force qui ne peut être expliquée.
Pour toi, il est le monde
Et tu es
Mon sacrifice
Mon émotion
Ma force.

Tu es une éternelle évasion de l'ordinaire.

Car l'amour vrai est une chose indéfinie ;
Il est un sentiment d'euphorie.
Quand un cœur palpite et une âme s'envole :
Une conscience de ce qui sera et ce qui deviendra,
Le moment de la paix essentielle,
Où toute substance devient triviale.

Réveillé et l'esprit rugissant.

Cela va souvent de pair avec une lumière
Qui devrait être éteinte.
Un réveil
Qui affiche 3, 4 et 5 heures du matin.
Des yeux
Collés par une substance vert jaunâtre.
Mes lentilles savent comment voler l'humidité.

J'essaie de me convaincre que je rêve
Ou que j'ai seulement besoin de me rallonger.
Mais je sais que mes yeux me pardonneront
Si je prends les lentilles de contact.
Aussi, je trébuche jusqu'à la salle de bain
Et presse les faux yeux.
Au retour, je m'arrête pour grignoter,
« Foutu pour foutu, » dis-je.
Je suis déjà debout et réveillé.
Tout est silencieux.
Je m'assois au clavier et ça déboule en rugissant.
Je tente de dompter le chaos euphorique des pensées
Des sons
Des mots.

Toujours des mots, ils sont la seule chose que nous avons.

Essayer de cloisonner mes pensées est superflu.
Nul ne peut suivre la vitesse à laquelle l'esprit galope.
Il y a tellement de mots que je veux écrire,
Tellement de choses que je veux dire aux gens.

Indisciplinés,
Ils me tombent tous dessus en même temps.
Je peux les voir,
Comme une chemise neuve portée pour la première fois.
Puis ils disparaissent.
Portée une seule fois et la mémoire se froisse.

J'essaie d'en recueillir des bribes,
N'importe quelle bribe,
De les écrire
Pour déclencher quelque chose plus tard.
Et puis, plus rien,
Un drame intime
Un crachat dans l'œil
Un coton dans l'oreille trop profond pour l'atteindre
Un coup dans l'estomac qui t'envoie au tapis.

Le curseur sur l'écran ne bouge pas.
Je me recouche.
Peut-être que je vais me réveiller à nouveau.
Peut-être que je saisirai un peu de la magie.

Laisse briller

La vie exige son lot de drames.
Pourquoi ?
Nous ne devrions pas avoir à endurer tant de peine.
Je sais ce que tu ressens.
Tu essaies d'avoir une attitude positive,
Mais c'est difficile quand le désespoir t'aveugle.

Le mieux est d'essayer d'en sortir.

Il est important de rire.
Simplement rire,
Plisse tes lèvres dans un sourire.
Même si les larmes roulent,
Même si cela semble inutile.
Merde, ris de ton malheur.
Lâche prise.

Autorise-toi à sourire.

Il y a tellement de pression dans le jeu de la vie,
Dont la plupart échappent à notre contrôle,
Dont la plupart sont une manipulation de nos sentiments.
Nous sommes enclins à faiblir,
Même si nous nous entraînons à vivre sous contrainte.

Autorise-toi à t'évader,
T'évader du monde
T'évader de ta vie pendant un instant.
Il n'y a pas de mal à prendre du recul.
Passe ta chanson favorite,
Ferme les yeux et écoute-toi respirer.

C'est seulement lorsque la lumière frappe au bon angle
Qu'elle se réfléchit sur nous.
La plupart du temps, il peut faire sombre.
Attends ton moment.
Et quand il viendra,
Laisse-le briller.

Laisse briller.

Plutôt marcher toute ma vie que courir un marathon.

Écris

Écris

Écris jusqu'à ce que tu ne puisses plus.
Écris jusqu'à ce que tu découvres la magie.
Écris jusqu'à ce que tu pleures.

Écris

Écris pour inspirer.
Écris pour pardonner.
Écris pour te rappeler.

Écris.

Écris jusqu'à ce que l'histoire soit grandiose.
Écris pour changer le monde.
Écris pour toucher la vie d'un être.

Écris.

Écris avec ton cœur.
Écris pour ton âme.
Écris et n'arrête jamais.

Écris.

La rue de mon quartier

Il est 3 heures du matin, et je pédale le long du trottoir.
Je m'en souviendrai à peine demain.
Ma rue pour sûr s'en souviendra :
On dirait qu'elle me connaît bien.
Elle me guide et m'aide à rejoindre mon lit.

Il m'est plus facile de parler à ma rue.
Elle sait écouter mieux que personne, et sans répondre.
Je suis soulagé qu'elle ne me juge pas,
Peu importe le nombre de fois où je m'en éloigne.

Vivre dans le souvenir d'hier

J'attendais mon plat.
La salle se remplissait.
Poppop mangeait un toast à la cannelle.
Mémé finissait un muffin anglais.

J'ai commencé à m'agiter.
J'ai regardé autour et j'ai vu des gens que nous connaissions.
Disons, des gens dont Mémé et moi nous souvenions.

« Allons, Sue, où est mon plat ? » ai-je demandé.
« Désolé, Joe, il y a du monde, » a dit ma sœur.
« Mais j'ai commandé il y a 20 minutes. »

« Joe Lee, sois un peu patient, » a dit ma grand-mère,
Mémé Marge.
« Hé, Margey, laisse-le tranquille, il a un gros match
Qui l'attend ce soir, » a dit Poppop en me faisant un clin d'œil.
Je n'avais pas vu mon grand-père faire ça
Depuis bien longtemps.

« Joe Lee... du basketball ? Il a presque 30 ans,
Poppop – il ne joue plus au basket. »
« Qu'est-ce que tu racontes, Mémé ? » l'ai-je interrompue.
Je l'ai regardée l'air de dire
Que ça n'avait pas d'importance.
« Oui, Marge, de quoi tu parles ? » a demandé Poppop.

Mémé s'est arrêtée.
Elle a compris : inutile de revenir dans la réalité.
J'aimais vivre dans le passé de Poppop.
En ce lieu, nous avions le droit de nous souvenir.

Ces moments étaient agréables.
Ils n'étaient pas importants,
Mais ils étaient aussi très tristes.
Nous ne nous autorisions pas à être tristes.

Nous rêvions pour les souvenirs.

Je pouvais voir Mémé livrer un combat.
Je présume qu'il était difficile pour elle de rester forte,
Mais elle le faisait – elle était obligée.
Nous étions tous obligés.

Les souvenirs sont un surprenant cadeau.
Des conversations passées – même les plus ennuyeuses
Deviennent si précieuses.

Ma sœur m'a tendu une assiette, « voilà pour toi. »
« Merci, Sue. »
Poppop a regardé Sue, puis moi.
Il était silencieux.
Mémé regardait ailleurs – elle ne supportait pas de voir ça.
J'ai regardé Poppop et il ne m'a pas reconnu.
Le moment était passé
Et nous ne savions pas
Si un autre reviendrait un jour.

Je me suis senti coupable d'avoir oublié
À quel point la mémoire peut être précieuse.
Je voulais le dire,
Mais au lieu de cela, j'ai mangé mon sandwich.
À chaque bouchée, j'espérais,
Que Poppop allait revenir.
J'ai attendu, quatre autres bouchées
Avant de ne plus pouvoir rien avaler.

Sue a demandé : « pourquoi tu ne manges pas ? »
Je n'ai pas répondu.
J'ai commencé à m'éloigner, mais me suis arrêté.
Poppop a dit : « Ouais, Joe, tu vas avoir besoin de forces
Pour le grand match du jour. »

*Les moments magiques sont le rappel silencieux
De la folie qui va suivre.*

Images en miroir

Je devine que nous avons tous une image de nous-mêmes
Et passons d'innombrables heures à essayer de la représenter.
Nous dépensons
Argent
Temps
Et énergie pour paraître tel que nous nous imaginons.
De telle sorte qu'à un certain point,
À un moment donné
Nous puissions être admirés comme une image.

Bien que nous ayons l'ambition d'être originaux,
Nous ne pouvons pas l'être.
L'originalité n'est plus originale.
L'originalité n'est rien de plus
Qu'une fausse aspiration
Et sa laideur se construit à partir de la vanité des médias.

Mais nous y adhérons.
Espérant un jour nous distinguer de
La masse des chasseurs d'images,
Ceux qui sont perdus pour les mots ou et ne respirent que pour
avoir la chance de faire partie du lot.

Nous avons rétréci.
Nous ne pouvons avancer qu'en reculant.

Nous évoluons dans un brouillard créé par
L'insécurité
Les excuses
La solitude
Les illusions
L'autosatisfaction
De notre culture.

Trottoirs d'octobre

Ça commence par les chaussettes.
Le vent d'été insouciant qui réchauffait
Mes pieds nus a disparu.
Les chaussettes protègent mes orteils des accents de l'automne.
Les rues paraissent plus larges.
Les conversations nébuleuses des touristes, stagiaires et visiteurs
n'ont plus lieu que dans leurs lointaines contrées.
Madison Avenue grouille d'arrivistes.
C'est la seule chose qui protège la ville.
Les vétérans patriotes se mélangent aux petits nouveaux.
Qui va persévérer ?
Une peur tacite s'installe.
Est-ce que quelqu'un, n'importe qui, y arrivera avant toi ?
L'appréhension et l'espoir s'accordent comme l'huile et l'eau.
Un jour ou l'autre, tu peux être déshydraté.
C'est le risque que tu prends.
Je passe devant Hassan, le vendeur de kebab.
Il ne m'a pas dit bonjour de tout l'été,
Mais c'est différent aujourd'hui.
Oui, comme chaque mois d'octobre,
Un fragile sentiment de confiance se restaure,
Pour ceux qui ont survécu.
C'est le micro-écosystème,
Une ville de transition mouvementée,
D'indolence disparue et d'ambition saisonnière
En attente d'accomplissement.
J'ai réussi à tenir un an de plus, mais hé, regarde l'heure.
Je suis en retard, mais ne le sommes-nous pas tous un peu ?

Commence sans direction

Il suffit de commencer.
Qui sait où tu finiras ?
Qui sait si tu finiras ?

Peut-être que non.
Cela n'a pas d'importance.
Beaucoup se sont retrouvés dans des endroits inattendus.
Parfois ces endroits sont mieux,
D'autres fois, ils sont pires.

Mais il est préférable d'aller quelque part.

N'importe où est mieux
Que nulle part.

Détracteurs et ennemis boivent généralement ensemble.
Ils ont pas mal de choses en commun.

Réaliste avec l'amour et les femmes

Je ne peux plus le faire.
Peu importe à quel point je le veux.
Peu importe à quel point tu le veux.

Putain – Merde – Fait chier !

Je suis triste,
Non parce que je t'ai rencontrée
Non parce qu'être avec toi était incroyable
Non parce que ça ne peut pas marcher
Non parce que je ne peux pas te parler aussi librement qu'avant
Non parce que ce ne sera plus d'actualité.
Mais parce que...

On ne peut pas faire semblant d'aimer.

Ce fut un privilège,
Et je sais que la gravité de la situation
Rend cela difficile à croire.
Mes mots étaient jadis l'allumage.
Aujourd'hui, je n'arrive même plus à démarrer quoi que ce soit.
La douleur est présente,
Mais elle n'est pas la même pour moi que pour toi.
Pour moi, la douleur est de savoir
Que je vais devoir réessayer.
La peur, elle persiste comme une goutte d'huile dans l'eau.
Elle rit du déséquilibre,
Exposée, piégée et pathétique.

Il n'y a rien d'autre à dire qu'au revoir.
À chaque au revoir, il y a un moment qui s'attarde,
Une pause
Un espoir
Mais la réalité est sombre.
Reprends-moi – s'il te plaît – je ne peux pas vivre sans toi !
Pourquoi ?
Pourquoi ?
On essaie encore ?

J'y réfléchis. Nous réfléchissons à nous entraider.
Peux-tu être la seule personne pour atténuer la douleur ?

Des questions...
Des questions sur d'autres questions...
Des questions qui remettent en question chaque question,
Jusqu'à ce que la liste s'allonge et la réponse s'éloigne.

Les larmes n'en valent pas la peine.
Nous devrions les garder pour une chose plus importante.
Ce n'est plus le cas.

Ce n'est plus pertinent.

Craque une allumette mais ne m'attire pas dans sa lumière.
Il n'y a rien à voir ; la flamme s'éteindra vite.

C'est stupide
Frustrant
Ennuyeux
Déroutant
Méprisable
Et pire que tout, regrettable.

C'est réaliste, et je déteste ça
C'est la fin
C'est fini
Tout est fini

Les gens du dehors

Je ne peux pas prendre un café et rencontrer quelqu'un.
L'inédit semble devenu impossible.
Si seulement je pouvais.
Je voudrais que ce soit comme il y a quelques années,
Quand paraître froid n'était pas cool,
Quand les gens pensaient vraiment
Ce qu'ils pensaient,
Quand ils ne cherchaient pas à imiter un autre.
Peut-être que je plaisante.
Peut-être que je ne fais confiance à personne.

Je veux croire en l'homme.

Nous le voulons tous,
Mais cela ne sert à rien.
Initiative vouée à un faible taux de réussite.
La lumière brille, mais elle peut être aveuglante.
Je regarde les gens.
Les gens du dehors, je les appelle ainsi.
Je m'arrête d'écrire et je les regarde passer.
Je veux parler avec eux.
Je veux apprendre des choses sur eux.
Pourquoi ?
Pour explorer,
Pour briser le mouvement,
Le confort,
La sécurité.
Peut-être qu'ils peuvent m'apprendre quelque chose.
Peut-être que je peux leur apprendre quelque chose.
Peut-être est-ce une perte de temps.
Peut-être...
Mais ce serait moins stupide
Que d'attendre qu'ils me parlent.

Cracheurs de feu

On m'a demandé pourquoi j'écris de la poésie,
Accusé parfois de le faire pour attirer l'attention,
Pour mettre de l'ambiance dans les fêtes
Ajouter un sujet de conversation au dîner.
Rien à voir avec ça :
Non,
Je le fais pour moi.
Je le fais pour éviter la thérapie :
Je refuse de payer pour obtenir des conseils.

Mais,
À part ça,
Je continue d'écrire.
J'écris pour les moments où j'étouffe,
Où le souffle brûlant de la réalité
Brouille ma vision,
Pour aller à contre-courant de la peur, du dégoût
Et de la révélation qui m'emportent,
Pour les nuages réconfortants qui, en s'ouvrant,
Pleuvent de rire sur moi,
Pour sentir le rythme chatouiller le bout de mes doigts,
Pour les rebords sans abîme,
Pour les descentes planes où je glisse sans trébucher,
Pour les couteaux qui se courbent sous la poussée,
Pour les boissons qui me font l'effet de l'eau,
Pour les frissons dont les secousses me stabilisent.

Pour tous ces moments,
Je remercie la poésie.

Il y a plus :
La poésie me préserve
De blesser quelqu'un d'autre
De corrompre quelqu'un d'autre
De tomber amoureux du cynisme.
Elle me permet
D'être seul

De croire en quelque chose
D'avoir un répit temporaire
D'être apaisé
D'être calme
De me donner un jour de plus
De m'obliger à croire en demain
De soulager la frustration de l'agitation
D'être moi
De penser anormalement dans un monde de fous
Où on me demande d'être normal.
De dire merde à la conformité,
À l'ordre social et à mon passé,
D'être le rebelle
D'être l'introverti
De jouer l'extraverti
De hurler en silence
D'exprimer cela
D'être égoïste
De combler le vide en manque d'attention.

Je dois tout cela à la poésie.

Je le fais pour d'autres aussi,
Pour ceux qui en ont besoin,
Pour ceux qui ne peuvent pas écrire,
Pour ceux qui sont déprimés,
Pour ceux qui cherchent à s'exprimer,
Pour ceux qui regardent les aiguilles en souhaitant les voir
tourner plus vite.

Nous avons tous connu ces états.
La plupart du temps j'écris de la poésie pour ne pas les revivre.

Nous sortons tous vivants du feu
Et les brûlures ne sont pas aussi permanentes
Que certains le prétendent.

Mes regrets restent les moments réalistes de ma vie.

Filmer dans l'obscurité

Nous sommes à peine aussi bons qu'hier.
Je sais que tu doutes de ta valeur.
Tu te demandes :
« Cela s'améliore-t-il ?
Un seul moment sera-t-il mieux que les moments passés ?
Le présent ne sera-t-il jamais mieux ? »

Si tu regardes en arrière, tu filmeras dans l'obscurité
Qui aspire tes insécurités,
Mais tu apprendras,
Que tu as beau vouloir essayer de retenir le passé,
Tu ne peux pas.
Ce moment était lié à tel événement,
Tel souvenir,
Tel sentiment.
Et –
Il ne pourra jamais être recréé.

L'obscurité ne vise pas à projeter
Une vision lugubre de ton avenir.
Peu importe comment tu essaies de t'accrocher à
L'esprit, l'innocence et l'amour du passé,
La dureté de la réalité
Te fait perdre ta jeunesse.

À toi de choisir comment subir le présent.
Tu peux regarder en arrière, mais le passé est toujours déjà vu.
Ou tu peux aller de l'avant
Et ne jamais plus te retourner vers l'obscurité.

Regarde devant toi et ta vie s'améliorera.
De nouvelles ouvertures
Nouvelles rencontres
Nouvelles expériences
Nouveaux instants
Se dévoileront à toi.

Telle est la vraie beauté de la vie,
Et tu ne pourras pas la voir
Sans la chercher.
Souviens-toi,
Mais n'essaie jamais de recréer.

La vie est courte.
Ne la gâche pas.
Il y a tellement de lumière.
Il y a tellement plus qui t'attend.
Aujourd'hui est plus lumineux qu'hier,
Et demain est encore plus lumineux.
Ne regarde jamais derrière toi, jamais.
Vivre dans l'obscurité est facile,
Mais c'est une vie gâchée par le regret.
Ne recrée jamais un regret.
N'accepte jamais le chagrin.
Ne filme jamais dans l'obscurité.

Bohémien

Je vis au présent,
Et je vis dans le passé.
Les choses se transforment,
Ça avance,
– pour sûr, même la corruption –
Mais c'est toujours pareil à la fin.
Les visions,
Les ouvertures,
Tout semble être à portée de main,
Mais ce n'est qu'illusion.
Une machination délibérée,
Un plan pour nous détourner de la libre pensée.

Un esprit obscurci est le résultat de nos seules erreurs.

Il est plus facile de se taire que d'être entendu,
Et encore moins, écouté.
Suis le chemin qui t'appelle.
Résiste au questionnement pour le pur questionnement.
Trouve-toi et démarque-toi.
Évite de suivre le troupeau.

Sois un rebelle.

Mais même les rebelles forment des communautés,
Non ?
Je ne sais plus en quoi croire.
Dois-je continuer à penser par moi-même ?
Je ne suis sûr de rien.

C'est un point commun à tous.
Nos décisions nous affectent-elles qu'à la fin ?
Peut-être pas.

Pourquoi faut-il que ce soit si compliqué ?
Beaucoup aiment compliquer les choses,
Car sans lutte, il n'y a pas de satisfaction.
Les compliments sonnent toujours faux.
Je ne sais pas comment y répondre
Quand je sais qu'ils ne sont pas mérités.
Je ne sais pas comment réagir.
Je ne sais pas,
Et j'espère ne jamais apprendre à le faire.

Comme un écho

Je pensais que je serais plus loin à cette heure.
Les pixels sont des moucherons qui me rongent le cerveau.
On est seulement jeudi, et je pense déjà
À la fin du mois.
Ma motivation, ce sont les factures.
Un prisonnier à son bureau.
9 heures de médiocrité.
Un maigre repas à midi.
Demain sera tout aussi glamour.

Une génération promise à un brillant avenir.

Tous les aspects de ma vie fixés à trente ans.
J'ai 28 ans et j'ai besoin d'un sursis.
Je ne sais pas ce qui va se passer.
Je ne contrôle pas tout,
Et c'est le cours normal des choses.
Je ne devrais pas attendre :
C'est le code universel de la politesse,
Attendre pour écrire,
Attendre pour quitter mon travail,
Attendre plus de deux mois pour qu'elle revienne.

Mais j'attends – comme tout le monde.

Appelle ça pleurnicher si tu veux,
Mais ambition et passion ne devraient pas souffrir de retard.
Les gens talentueux ne gagnent pas.
On doit connaître du monde pour être introduit.
Qui a besoin de relations de toute façon ?
Mince, je n'ai pas besoin de relations.
Bon, je crois que j'ai besoin de relations.
Où trouve-t-on une foutue relation ?
Putain, je n'y arriverai pas sans relations !!!
Le pire est de savoir qu'on peut faire des choses,
Mais d'être obligé de faire des compromis
Pour que ça marche.

Fais chier !
Pourquoi je n'ai pas d'agent ?
Pourquoi je n'arrive pas à vendre un seul scénario ?
Pourquoi personne ne veut me lire ?
Merde, je préférais qu'on m'appelle pour me dire
Que je suis nul, plutôt qu'attendre si longtemps.

La rancœur fabrique un tissu
Cousu d'un fil tenu d'agressivité passive.

Nous sommes habitués à ne rien dire.
Paralysés par l'ascendance de l'injustice sociale.
Attente, espoir et désillusion :
Ils résument notre état d'esprit.
Il y a les chanceux,
Ceux qui explosent,
Ou du moins semblent réussir.
J'en connais certains.

Ils sont les plus silencieux.

Transformés en marionnettes, ils nous surveillent.
Parfois ils crient dans la nuit.
Ils agissent comme s'ils étaient un autre.
Je l'entends résonner en écho
Je sais que ce sont eux.
Puis, nous nous retrouvons.

À travers les échos du désir.
À travers les échos du succès.

Les voix sont entendues par ceux qui veulent les entendre.
Je sais que ma voix sera entendue.
Peut-être vais-je réussir ?
Qu'y a-t-il d'autre à faire ?

Il y a bien plus de gens qui se targuent d'être créatifs que
De gens qui créent réellement quelque chose.

Si vous me donnez un bon point, je chierai dessus

Ne me dites pas que je suis génial, SVP.
Ne me dites pas que je m'en sors bien.
Non, ne me dites rien.
Bannissez-moi de vos conversations.
Oubliez-moi.

Mais quand vous avez besoin de cogner sur quelqu'un,
Utilisez-moi comme punching-ball.
Non, ne m'invitez pas dans les dîners.
Non, ne me questionnez pas sur ma famille.
Non, ne me parlez pas du tout.
Pourquoi le feriez-vous ?
Je n'ai aucune putain d'importance.

C'est là où vous avez tort.
Je ne devrais pas avoir peur de vous.
Votre pouvoir est faible.
Le silence est votre seule arme,
Mais j'ai appris à vous connaître.

Il est la seule chose que vous avez,
Et vous avez beau penser qu'il me blesse, il n'en est rien.
Je me moque de vous quand vous n'êtes pas là.
Je singe votre façon d'avoir peur.
Vous êtes un imbécile !

Je vous plains :
Coincé,
Espérant que je vais me pointer,
Souhaitant que je sois dans le coin.
Qui d'autre avez-vous ?
J'ai beaucoup d'amis, des gens qui ne m'écartent pas.

J'ai plus que vous.

Vous pouvez avoir plus que moi,
Mais cela n'a pas d'importance.
Je suis comblé là où cela compte.
Je vis à mon propre rythme,
Et il n'a rien à voir avec le vôtre.

D'un texte dont je ne me souviens pas

C'est un grand voyage, il est difficile.
Une caverne insondable
Pleine de
Peur
Suppositions
Sentiment d'infériorité.

Il faut être doté d'une forte volonté
Pour l'entreprendre.

La peur est une chose que nous ne comprenons pas ;
Une chose que seules les âmes vulnérables réalisent.

Le bazar du tableau de bord
(Virées en voiture dans l'enfance)

Les paquets de cigarettes vides
Étaient toujours légion,
Newport empilés sur Marlboro.
Un luxe qui durait le temps du plaisir
Qu'apportait le premier jour du mois.
L'indemnité chômage partait en une semaine,
Lisbon savait vivre dans la joie éphémère.

Sur la droite,
Plus vers le milieu,
Juste du côté droit du volant
Se trouvait un journal Uncle Henry's
Le précurseur de craigslist.com
En ligne, tu pouvais cliquer sur l'annonce,
Envoyer un email,
Froisser les pages et appeler plus tard.

Nous allions à New York, la grosse pomme, chaque semaine.
L'essence était un peu moins chère alors.
Les annonces tapissaient le kiosque à journaux le mardi.

« Hé, mate ça, c'est une superbe affaire ! »
Il le répétait au moins dix fois de suite.
Je ne pense pas que nous ayons fait la moindre affaire à Lisbon.

Les bonnes affaires semblaient toujours nous échapper.

Mais il était excitant de penser que ça aurait pu marcher.

Sur le siège passager, le côté que j'avais l'habitude d'appeler « mon côté »,
Les boîtes de fast-food et les frites racornies se mêlaient
Aux
Crayons
Stylos
Gobelets mâchouillés de café Green Moutain
Canettes écrasées de Moxie
Et fresques de papier d'emballage de viande séchée Slim Jim.

Le fouillis avait toujours l'air exactement identique.
Au printemps et en été, je baissais la vitre et laissais
Les papiers s'envoler.
Parfois, je ne le supportais plus.
Surtout en hiver,
Quand je ne n'osais pas ouvrir la fenêtre.

Quand il devenait trop dense,
Quand il masquait en partie la route,
Je le nettoyais.
Il ne me remerciait jamais.
Ce n'était pas la peine.
Il savait que j'appréciais la balade.

Nous sommes tous des imposteurs,
Des arnaqueurs
Et des escrocs.

La solution consiste à faire avec.

La frontière est mince entre le bonheur et la lutte, et tu as tendance à pencher du côté de la lutte

Es-tu heureux ?

Non, doucement, ne réponds pas si vite.
Ne dis pas oui, non, ou autre chose.
Réfléchis d'abord.
Pense en te réveillant.
Pense aux gens dans ta vie.
Pense maintenant – pense, c'est tout.

Ne pense pas aux autres.
Ne pense pas à ce qu'ils ont.
Ne pense pas à ce que tu as.
Ne pense pas à ce que tu n'as pas.
Ne pense pas avec ta tête.
Ne...

Pense avec ton cœur.
Pense avec ton âme.
Pense à aujourd'hui.
Pense à demain.

Pense à être heureux.

Tacos au guacamole

Elle se tenait derrière moi,
Aussi indifférente que si elle n'était pas là du tout,
Se convaincant qu'il n'y avait pas,
Qu'il n'y aurait jamais,
Rien entre nous.
Et, pour la première fois depuis longtemps,
J'étais d'accord.
Je n'avais pas besoin d'espérer
Ou d'imaginer qu'il allait se passer quelque chose.

J'étais d'accord.

Voulais-je que ce soit fini ?
Pensais-je que je devrais laisser tomber ?
Non, cela n'a jamais été ma nature.
Mais alors que nous attendions les tacos au poisson,
J'ai senti une pression dans mon dos.

Elle s'appuyait contre moi.

Cela n'avait rien d'extraordinaire.
Cela n'était pas différent
D'un ami qui s'appuie sur un autre ami.

Ce n'était rien du tout,

Jusqu'à ce que je sente que c'était tout.
Elle ne le saura jamais.
Du moins, pas pour l'instant.
J'aimerais que ce soit différent parfois.

La vulnérabilité consume la force d'un homme.

Ce n'est pas grave ; il vaut mieux être rachitique.
Je suppose que les sentiments sont pires pour ceux qui les ont.
Mais ça va bien se passer.
Je vais accepter son appui.
Nous vivrons tous deux le fantasme du moment.

C'est tout ce dont j'ai besoin... pour l'instant.

Je me demande ce dont elle a besoin.

Peut-être est-ce ma plus grande motivation.
Peut-être qu'elle n'a personne en ce moment.
J'espère qu'un jour ce sera moi.
C'est égoïste,
Ça l'est vraiment,
Parce qu'on ne peut pas attendre quelque chose de quelqu'un :
Ça ne marche pas de cette façon,
Ça n'a jamais marché ainsi et ça ne marchera jamais ainsi.

Trouver une relation est rare de nos jours.

La forcer est faux,
L'imaginer est sans fin,
La vivre est tout.
Je ne sais pas ce que nous deviendrons.
Alors, je vais profiter de cette soirée,
Je vais prendre ce qu'elle me donne.

Ses pages

Elle ne se confie pas à n'importe qui.
Il y a une histoire qu'elle souhaite raconter,
Une façon dont elle veut qu'on se souvienne d'elle.

Un jour, j'ai écrit sur Ses pages.

Il y eut un certain
Temps
Moment
Sentiment,
Style qui fonctionnait.
Je remplissais chaque page.
J'écrivais soigneusement.
Elle regardait attentivement.
J'essayais avec diligence de l'apaiser.

Je voulais surtout créer une histoire d'amour.

Au début, c'était facile,
Puis c'est devenu plus difficile.
Je ne voulais même pas regarder Ses pages.
Je feignais l'angoisse de la page blanche :
Ces périodes
De disputes alcoolisées
De jalousie
De soupçon
De peur.

Notre relation s'émiettait pour un rien.

Je déchaînais ma colère contre elle.
En retour, elle devenait caustique.
Mais après les périodes de représailles et de dégoût,
Nous tournions Ses pages.
Complètement blanches, vierges.
Nous nous remettions ensemble.
Nous n'en parlions plus.

Nous réalisions que nous avions été idiots,
Que ça n'avait pas d'importance,
Que c'était arrivé au dernier chapitre.

Je ne devrais pas,
Mais je ne peux m'empêcher de m'en souvenir.

Ce sont les petites choses qui me manquent le plus,

Les cheveux ébouriffés,
L'espace entre les dents de devant,
Le grain de beauté sous l'œil droit,
Le petit nez, épais,
La courbe de son dos.
Elle était tout cela.

Je suis sûr qu'il y a des choses sur moi
Qui doivent être
Notées dans Ses pages.
Je n'ai jamais pu les lire.
Je n'en ai jamais eu l'occasion.

Nos jours étaient comptés.
Les pages s'éclaircissaient,
Jusqu'à ce qu'arrive la dernière,
La fin inévitable de l'histoire.
C'était si bon.
J'étais égoïste ; je le suis peut-être toujours.
Je voulais en savoir plus.
Je voulais écrire plus.
Je voulais lire plus.
Je voulais plus d'Elle.
Mais elle ne voulait pas,
Elle ne voulait plus de moi.

Alors, j'ai écrit.
Je ne pouvais pas tergiverser plus longtemps.
Il m'a fallu plus longtemps pour écrire le mot « Fin »
Que tout autre mot avant.

Après avoir fini, elle a pris Ses pages.
Je n'avais plus besoin d'écrire dessus.

Parfois, j'essaie de me souvenir,
Tentant absurdement de comprendre
Quelle partie j'aurais dû changer pour que ça marche.
Je pourrais ressasser ces pensées à l'infini, j'imagine.
Je devrais peut-être chercher quelqu'un d'autre.

N'importe quel mec a de la chance d'écrire dans Ses pages.

Ils ne connaissent pas leur chance
Jusqu'à ce qu'ils remarquent que les pages s'éclaircissent.
Quand s'en vient le moment d'écrire le mot :
« Fin »

Je ne peux pas te chanter une chanson
Mais je peux écrire quelque chose
Qui t'inspirera pour en écrire une.

Repoussoir

Pourquoi dois-je repousser les gens ?
Pourquoi ?
Quand je suis sur le point de les laisser entrer,
Quand je pense que j'en suis capable,
Je les repousse
Je les repousse une dernière fois.

Je veux savoir jusqu'où je peux aller.
J'utilise ça pour tester leur loyauté.

Je me repousse moi-même quand je fais cela.
Peut-être que ce n'est pas bien,
Peut-être que c'est cruel,
Mais si je les laisse me trahir,
Je serai l'imbécile.
Je serai repoussé à l'écart avec les autres,
Et me complairai dans les affres de
La cruauté
La tromperie
Les mensonges
Et la solitude.

Je ne peux me permettre de ressentir ça,
Alors je repousse.
Je repousse.
Je repousse !

Y a-t-il quelqu'un d'assez fort pour me repousser ?

Je sais que s'ils peuvent encaisser,
Ils seront là pour moi,
En retour,
Je serai là pour eux.

Je ne peux pas attendre de ne plus avoir personne à repousser.

Là est le problème.
Tout le monde pousse.
Tout le monde
Si seulement on pouvait arrêter de
Se mentir
Se tromper
Se venger.

Alors on arrêterait.
Alors on arrêterait
De se repousser.

Bagarres nocturnes

J'ai juste besoin d'une raison.
Vraiment, n'importe laquelle fera l'affaire.
Le climat est tendu.
Je suis sur le qui-vive, j'attends.
La cinquième bière me guette.
Elle lubrifie mes intentions.
Je veux juste me battre.
Ouais, c'est vrai – me battre !
Je sais que j'ai un bon boulot.
Je sais que j'ai une super famille.
Oui, je sais que c'est une décision stupide.
Je le veux.
J'en ai besoin.
Ce n'est pas l'alcool le coupable.
Bon, peut-être qu'il me convainc légèrement.
Mais ce n'est pas la vraie raison.
Je sens que j'ai droit à quelque chose.
Parler ?
J'imagine.
M'exprimer ?
Oui, absolument.
La colère gronde en moi.
L'insouciance d'une douce soirée d'été dissimule ma rage.
Si seulement mon feu ne me consumait pas les tripes.
Tout le monde s'en fiche, sauf moi.
Je suis prêt à bondir,
Un sursaut
Un regard
N'importe quoi.
Même une respiration irrégulière me ferait partir.
Je le veux, mais je ne sais pas pourquoi.
Alors je me retiens.
Je regarde ma bière.
Elle est presque vide.
Une autre ?
Non,
Cinq, c'est ma limite.
Le barman me pousse vers la sortie.

J'ai gagné.
Je suis le seul à le savoir.
La porte est la dernière chose dont je me souviens.
Un tour d'honneur m'attend à la sortie.
Je me dirige vers Broadway.
Les rues me ramènent toujours chez moi.
Demain, je reviendrai.
Les verres seront remplis,
Le bar m'attendra,
Et le combat recommencera.
Je serai prêt,
Et je m'arrêterai avant d'aller trop loin.

La tension nerveuse me suffit.
Parfois, il est finalement inutile de se battre.

La beauté de la foule

Il y a de la beauté en chacun de nous.

On ne doit pas la laisser filer.
Quand tu testes ta beauté auprès d'autrui, sois prudent.
On te traitera de différent.
On te traitera d'anormal.
On te traitera de tous les noms
Trahissant la jalousie d'autrui.
Ils vont se demander si ta beauté les rend laids.
N'écoute pas leurs questions.

N'oublie jamais combien ta beauté est précieuse.

Il leur est arrivé quelque chose en cours de route.
Ils ont oublié et espéreraient pouvoir être purs.
Alors ils vont te défier.
Tu te demanderas si tu dois être comme eux.
Peut-être qu'ils ont raison.
Peut-être que tu dois refuser ta beauté.
Non : c'est exactement ce qu'ils veulent.

Toi seul dois célébrer ta beauté.

Peu importe combien de gens applaudissent.
Une foule d'acclamations suivra.
Il faut de la force pour rester silencieux.
Alors, découvre ta beauté.
Cultive-la chaque jour.

Même si tu es seul à la voir.

Les étoiles reçoivent leur éclat
Des diamants fous qui brillent en bas.

Belmont

Je regarde les stalles de départ, mais elles sont trop loin pour voir.
Peu importe : le vrai spectacle se déroule à mes pieds.
Je suis content d'être sous les toits.
Les bêtes attendent qu'on lâche leurs proies.

Une foule d'espèces occupe les tribunes inférieures.
Des hommes bedonnants fument le cigare
Aussi rapidement que des femmes maigrelettes tirent sur leur
Virginia Slim.
Les femmes cachent leurs ravages sous de fragiles chapeaux en
plume de paon.
Les étudiants nagent dans l'océan doré de l'amnésie.
Les enfants, espèce la plus pure, rêvent de devenir jockey.

Et les voilà partis !
Le coup de revolver nous abasourdit.
Il y a un moment de silence complet.
Tout le monde ne fait qu'un dans cet instant.
Le départ.
Ensuite, c'est chacun pour soi.

« Vas-y Wicked Strong ! »
« Allez Medal Count ! »
« Pousse, Commissioner ! »
« Plus vite, California Chrome ! »

J'encourage California Chrome.
Il ne va pas me rapporter gros.
C'est un favori,
Mais je veux participer à l'action !

Nous tenons tous nos tickets de pari blancs comme des billets de
loterie.
La seule différence est que tout le monde
A une chance jusqu'à l'arrivée.

Dans la dernière ligne droite, le public se lève,
Les bières se renversent,
Les hot-dog et les nachos valdinguent.
Tout le monde oublie la réalité
Pendant deux minutes et trente secondes.

Quand les chevaux ont franchi la ligne d'arrivée,
Il se met à neiger.
Au cœur de la soirée d'été,
Chaque flocon de neige –
« Belmont, course dix, deux dollars gagnant sur le cinq. »
Qui valait avant quelque chose –
« Belmont, course dix, cinquante dollars pour voir sur le trois. »
Qui recelait avant de l'espoir –
« Belmont, course dix, vingt-trois dollars placés sur le sept. »
Chaque flocon de neige –
A tenu deux minutes et trente secondes.

C'est plus proche que tu l'imagines

Il y a de plus en plus de monde.
Les bousculades se multiplient,
Bientôt nous sommes obligés
De nous disperser chaotiquement.
Explosant comme des feux d'artifice.
Bientôt, nous tombons,
Étincelles desséchées.
Serrés, à nouveau, nous tentons de trouver notre chemin.

Où la vie va-t-elle nous emmener ?

De nombreux nuages s'amoncellent, et
Font du surplace avec une ambivalence insatisfaite.
Résistant à la pluie, tout est sec.
Il fait plus froid, et ça semble normal.
C'était pareil hier et le sera demain.

Le temps ne devrait pas se contenter de passer.

Je comprends pourquoi les gens rechignent à se lever.
Il serait plus simple de dormir toute la journée.
Ils n'auraient pas à entendre le bruit,
La déception due aux
Résolutions non tenues
Emails inutiles
Luttes de pouvoir
Esprits inférieurs.
Ils n'auraient pas à appeler cela « la vie ».

Et nous méritons de nous définir nous-mêmes.

Des obstacles,
Qu'ils viennent de l'extérieur, de l'interne, de toi
Tenteront toujours de te dissuader.
Fuis ces contraintes.
Merde, échappe à tout cela.
Le chemin de la réussite est éprouvant.
N'abandonne jamais.

Parfois, on ne sait pas quand on finira une course.
Parfois, on ne sait même pas comment la commencer.

Il y a un rétroviseur devant nous.
Il nous demande de continuer,
Encore un peu.
Il nous dit de tenir le coup.
C'est ce qu'il y a de plus difficile.

N'oublie jamais de poursuivre ton rêve.

Quelle sale décision, si tu ne le fais pas.
L'oubli semble apparaître
Quand regarder dans le miroir
Devient trop fatigant.

Seuls les faibles refusent de regarder leur reflet.

Le changement arrive si tu es patient.
Des éclairs nous éblouissent à des moments inattendus.
Ils nous rappellent,
Non,
Nous mettent au défi de continuer à avancer.

Nous devons nous battre pour connaître la gloire.

Il faut y croire.
Même quand les chances sont contre toi.
Même quand le présent t'épuise.
Même quand le miroir semble trop loin.
Cours, va vers elle.

Tout ce dont tu rêves est plus proche que tu l'imagines.

Génie

Un mot utilisé trop souvent,
Qu'on nous jette au visage comme des confettis,
Chaque rond de couleur lancé en l'air,
Convention manifeste de la supériorité sociale.
Sentiment temporaire d'euphorie en suspens.

À la fête, tout le monde se demande,
Pourquoi tu
Je
Ou un autre n'y a pas pensé avant ?

Ensuite, les crins du balai ramassent les confettis,
Tas d'éclats d'obus festifs
Prêts pour la poubelle,
Mélangés aux
Gobelets
Assiettes
Et plateaux de fromages moisis,
Des restes de la grandeur d'un soir,
Jusqu'à demain,
Quand on fêtera la nouvelle idée de génie.

Rêve d'un lieu
Où s'évanouissent toutes tes inquiétudes.

Je fais semblant d'être de ce côté

Mon meilleur côté est celui que je laisse peu de gens voir.
Ici, je suis le drôle de type.
Sûr, je serai le mec qui porte le chapeau.
Je suppose que c'est mon rôle de 9h à 17h.

Je ne peux pas leur montrer, à eux, mon meilleur côté.

Pourquoi ?
Parce que si je faisais ça
Je n'aurais pas de boulot
Je ne serais plus invité dans les fêtes.

Et bon sang, je ne peux pas manquer une seule fête !

Je déteste leurs putains de fêtes.
Je déteste être entouré de faux amis.

Je déteste faire semblant d'être de ce côté.

Brique de lait

Certains ne sauront jamais à quel point ils sont extraordinaires.
La vie peut devenir un piège tentateur.
Nous sommes victimes du désir fou d'imiter
Une personne ou une chose que l'on voit.
Éteignez
L'ordinateur
Le téléphone
La télévision
Et fermez les livres.
Ne lisez même pas ce foutu poème !

À quels rares moments pensons-nous par nous-mêmes ?

Marcher
Est une chose qui va de soi.
Penser
Exige un effort.

Jusqu'à ce qu'on se mette dans une position
Où on espère être intégré
Où on aspire au sentiment d'appartenance.

Personne n'est bien nulle part.

Nous sommes tous des vagabonds,
Des voyageurs sans nulle part où aller,
En transit pour une destination inconnue,
Une existence
Fondée sur la conviction qu'on réussira à un moment donné.

Nous vivons dans un monde perdu.

J'aimerais vous souhaiter bon voyage,
Mais il n'est pas de voyage dont on sort indemne.

Le fardeau abandonné

(Génération Y)

Quand je pense aux enfants du Millénaire,
Je vois une génération
victime d'un stimulus incompréhensible,
À la libre pensée noyée
Sous l'immense déferlement continu d'informations
Véhiculé par l'aqueduc sans fin de la technologie,

Des passe-temps auxquels on se prête pour le seul potentiel
D'en faire un jour commerce,
Les joies de la vie précipitées par l'impression captivante du Profit
que l'on peut en tirer
La vie indexée sur le cours du dollar,

Ces relations faites de vanité,
Le poids des apparences que l'on traîne en fardeau permanent.
La soif de célébrité qui dissipe,
L'envie de se différencier.
L'incongruité dégoulinante qu'est la vie réclame une audience
Attentive, une meute non pensante.

Pourquoi personne ne pose de questions ?
Quelles questions, répondez-vous ?
Des questions sur eux-mêmes.
Des questions aux autres.
N'importe quelle question.
Qu'importe.
Tout est bon à prendre.

Des défis superflus transforment les esprits supérieurs
En assoiffés de potins inférieurs
Occupés par l'insipide tumulte des distractions,
Des priorités de vie prises à la lettre,
L'inspiration puisée dans la réussite malhonnête,
L'admiration nourrie de « like » et de « vues »
En lieu de lettres,
Les impressions fugitives.

Je crains que le mot « icône » ne périsse.
Je ne peux me représenter un
Hemingway
Fitzgerald
Ni même un Bukowski
Vivant sous ce soleil.

On s'auto-congratule mollement
Une fois extirpés du lit.
Le cynisme éclipse la sensibilité.
La rigueur vacille devant le privilège.

Cette génération en devient recluse,
Confinée à une vision périscopique du monde,
Une vision étroite que l'immensité des possibles aveugle.
Elle se jette à la poubelle avant d'avoir donné
Sa chance à d'autres voies.
Dépassé par ce tout,
Aucun ne semble prêt à soulever le fardeau.

La mémoire est un inconvénient
Quand on n'a pas encore réussi,
Mais les moments avant l'accomplissement
Sont à cheval sur la mince frontière entre désir et fatuité,
Les deux produisant des résolutions dichotomiques.
Où finiras-tu ?
Cela dépend à quel point tu veux te souvenir.

#modedevie

L'année
est
jeune
et la
débauche
va s'ensuivre.

Le complexe

Il y a un sentiment persistant d'urgence.
Il semble provenir de l'impatience,
Sans doute d'un profond désir de réussite.
Réussir.
Faire quelque chose.
Avoir un impact.

Voilà pourquoi je peux être dangereux.

Je ne ferai de mal à personne,
Sinon peut-être à moi-même.
Je n'ai pas de filet de sécurité.
Si je tombe, il n'y aura rien pour me rattraper.
Alors pourquoi fais-je cela ?
À quoi bon essayer de vaincre les obstacles ?

C'est un désir avec lequel on naît.

Ceux qui ont déjà réussi ont tenté de me faire dérailler.
Leur opposition ne vient jamais de mes capacités.
Je suis le seul à pouvoir décider d'arrêter,
Mais il y a un os pour mes opposants :

Je ne sais pas comment arrêter.

Mon désir me permet de supporter
La tranquillité oisive de ne pas savoir si cela arrivera.
Mais j'attends ça.
J'y crois.
Je sais qu'il y a des gens ici, qui comptent sur moi.

Nul ne saura jamais à quel point il impacte les autres.

Démissionner est un acte qui ne te définit pas non plus.
Mais, si ça l'est, alors tu abandonneras.
Autant partir maintenant.
Laisse le voisin prendre ta place.

Tu ne le feras pas.
Il faut beaucoup de gens pour mettre fin à quelque chose.

Il faut une seule personne pour la commencer.

Le tour sauvage

Parfois, je ne saurais dire pourquoi.
Une force impeccable monte en moi,
Que je crains constamment de perdre,
Je m'en nourris, elle me fait vivre, et pourtant je la méprise.
Me voici là, baragouinant à son sujet
Le plus naturellement du monde,
Là dans ce petit bar, semblable à celui de Lewiston.
Tout est si simple là-bas
Mais je suis parti.
Je pourrais y retourner.
C'est mon choix, après tout – mais je ne le fais pas.
Je m'y refuse.

Me voilà à tambouriner des doigts sur le bar
À chaque coup, je crie,
« Sauvage, Sauvage, Sauvage. »
Le barman me regarde comme si de rien n'était.
« Sais-tu que je laisse la lumière allumée la nuit ? »
Il rit car c'est la dixième fois que je lui dis.
J'essaie de me calmer,
Mais une image irrévocable tourne dans mon esprit :
Celle d'un carrousel désaxé
À l'ouest de Central Park.

Tandis que ses rouages s'enclenchent,
Mes faiblesses coïncident avec le sublime hasard.
C'est plus fort que moi.

Je crois au hasard.

Mes croyances m'arrachent à l'emprise de l'inertie,
Et le manège accélère, toujours plus vite, et cette sauvagerie me
ravage.
Je n'en descends pas, je ne demande pas au conducteur de
s'arrêter.
Je tiens bon,
Je m'accroche à cette putain de vie, je m'accroche !
Il serait plus facile de lâcher prise.
Je n'aurais jamais dû monter sur ce manège.
Mais je ne me reconnais pas dans ces propos-là.
Ce n'est pas vrai.
J'en suis le prisonnier totalement captivé,
Accro à ce tour sauvage.

La passion vient de ceux
Qui ne connaissent rien de mieux.

La journée de travail

L'ascenseur carillonne et les portes s'ouvrent au 9e étage.
Je me précipite vers la pointeuse.
Elle lit ma main.
8 h 59.
Juste à temps.

J'ai tellement de chance d'être ici.

Les écrans d'ordinateur se rient de moi toute la journée.
Le passif-agressif me dit que je ne décide de rien.
Des emails... personne ne parle plus.
« C'est ton job, pas le mien. Mais je m'en attribuerai le mérite. »
« Oh, j'ai dit de faire ci – eh bien, j'ai changé d'avis – fais ça. »
« Pourquoi ce n'est pas encore fait ? – ne traîne pas. »

J'ai tellement de chance d'être ici.

Merci de me traiter comme de la merde.
Mais je vais jouer le jeu.
Je vais afficher un sourire plastique.
Je serai d'accord avec tout.
Vous ne verrez pas la différence.

J'ai tellement de chance d'être ici.

J'ai besoin de la paie.
J'en ai besoin pour le taudis où je vis.
Je dois tenir compagnie aux rats
Qui courent le long des murs quand j'essaie de dormir.
J'ai besoin de nourrir les chiens qui chient et pissent
À côté de mon lit.
J'ai besoin d'entendre taper contre le mur
Quand mon colocataire satisfait une femme.

J'ai tellement de chance d'être ici.

C'est calme après 16 heures.
Je prends la dernière heure pour déjeuner.
Je n'ai pas le temps de manger avant.
Débordé, Débordé, Débordé – on est débordé.
Tout n'est que bruit – mais le spectacle doit continuer !
Une distraction par rapport à ce que je veux vraiment faire.

J'ai tellement de chance d'être ici.

J'attends avec impatience plus tard.
Je me poserai pour écrire.
Oui, m'asseoir et écrire.
C'est là que je me souviens.

J'ai tellement de chance d'être ici.

Sommeil léger

Je m'endors dans ma chambre toutes lumières allumées.
Je sais que ça arrivera encore.
Ma vie évolue si rapidement cette année,
Illuminée par un nouvel élan.

Je me sens si plein de vie.

Tout le monde peut se cacher dans le noir.
Mais je ne veux pas me cacher.
Pas comme je l'ai fait l'année dernière.
Non, je veux être dans la lumière.

Élan vers elle

La place vide dans mon lit était inhabituelle.
Le ronflement du réfrigérateur devenait une voix cohérente.
Il m'indiquait que j'étais toujours vivant.
Les voitures fringantes roulaient dans les flaques d'eau.
La pluie avait cessé il y a quelques heures,
Ainsi que son bruit apaisant.
J'appelais de mes vœux une dernière goutte.

Les stores de la fenêtre étaient des lames de rasoir.
La lumière me rongeait.
Il faudrait que j'accroche des rideaux.
Les phares illuminaient le plancher et
Me rappelaient un concert que j'avais vu.
Personne ne jouait maintenant.
J'étais seul dans le public.
Je me suis assis,
J'ai pensé à tout ce que je pouvais faire.
À tous ceux avec qui je pourrais être,
Mais je n'ai pas bougé.

Je suis resté, en pensant à elle.

L'anticipation d'un samedi soir
Est une erreur culturelle.
Le méandre de brèves civilités.
L'ivresse préliminaire instaure un ton sinistre.
Le bar attend,
Il appelle.
Dans certains cas, il appelle par un cri.
La fougue
À accepter
Ou tout autre sentiment
Attend au pied d'un verre rempli de mousse et d'ambre.
Une dernière tournée ?
Remplis mon verre !
J'essaie encore de le trouver !
Je crie maintenant,
Je deviens fou.
Comme n'importe qui d'autre.

Plus tard,
Il n'y a rien.
Je m'envie dans ces moments.
La capacité d'être aussi libre.
Je ne suis plus angoissé.
Je ne tarderai pas à le redevenir.
Il n'y a rien pour retenir la nature léthargique de l'ivresse.
J'ai perdu la capacité de me sentir concerné quand il le faudrait,
Et c'est à cause de ces moments-là.
Je sais qu'il vaut mieux entendre
Le bruit de la solitude que rien du tout.

Je ne suis pas sûr,
Mais
Je pense à elle.
Est-elle la réponse ?
Je ne sais pas.

Sans elle, je ne pense pas pouvoir trouver de réponse.

Elle aussi cherche quelque chose.
Est-ce la même chose que moi ?
Peut-être ?
Probablement pas.
Cela appartient à elle seule.
Aussi nous apprenons à grandir ensemble,
Nous sommes mieux.

Tout le monde peut t'entendre,
Mais ça ne remplace pas la présence.

C'était inévitable, je suppose.
Peut-être que cela ne tenait même pas à moi.
La solitude laisse des séquelles,
Bien que ce ne soit pas toujours clair au début
Elle te permet de penser
Elle te fait arrêter
Elle te fait comprendre
S'arrêter dans son élan est difficile.

Ça arrive généralement quand on s'y attend le moins,
Dans un moment où tu le prends de plein fouet.
Être en colère ?
Pourquoi ?
Cela ne durera pas ;
Tu reprendras de la vitesse,
Prêt pour le tour suivant.

Les phares d'une voiture balaient le store à nouveau.
La circulation n'est plus la même désormais.
Les flaques sont effleurées, non pulvérisées.
J'entends encore le ronflement du réfrigérateur.
Quand je regarde mon lit,
Encore
Elle n'est pas là
Elle y était
Toujours
Mais maintenant ça l'appelle à nouveau
Et je sais que la prochaine fois que les voitures passeront et Que
les phares couperont
Le plancher
Je n'entendrai pas le ronflement ensuite
J'entendrai une voix.

Elle sera toujours ma petite chérie.

Je veux rester
Sauvage,
Naïf,
Et
Fantasque ;
Au moins, alors,
Les rêves restent tangibles.

Dérive avec les autres ou déplace le curseur

Les fêtes
Le boulot
La picole
Les attentes ridicules de la famille.

Les tueurs de la pensée.

Emporté comme du bois flottant sur la mer.
Toujours plus loin est la dérive
En direction de l'infini du ciel et de la mer.

Empoisonné par les tueurs.

Un homme a besoin d'être seul.
Cela peut être l'expérience la plus effrayante
Mais s'il la laisse se produire,
Il se comprendra mieux lui-même.

Les tueurs ne se comprennent pas eux-mêmes.

Ne réponds pas aux appels,
Aux textos,
Aux foutus snapchats.
La technologie n'a servi qu'à détraquer ta pensée.
Oui – c'est important.
Oui – cela devient essentiel.
Mais si tu es pris en flagrant délit devant un écran blanc,
Le curseur qui attend d'écrire l'histoire de ta vie clignotera
Clignotera
Clignotera.

N'attends rien des tueurs.

Ils ne s'intéressent pas à tes vraies pensées.
N'attends pas de dire une chose géniale.
Seulement tu dois écouter.
Dire quelque chose d'important.

Tes idées peuvent être sauvées.
À toi de les présenter à ce monde absurde.
Personne ne peut recréer tes expressions.
Les tueurs peuvent essayer et copier,
Oui, les tueurs peuvent voler et faire semblant face aux autres.

Mais tes pensées n'appartiennent pas aux tueurs.

Une fois que tu en sauras convaincu,
Les lâches qui
Tweetent,
Commentent
Et aspirent à des « like » partiront à la dérive sans toi.
Ils vont essayer de nager contre le courant.

Les tueurs seront vite oubliés.

Tu seras seul.
Tu auras le soleil de face.
Tes cheveux danseront
Quand le vent doucement effleurera tes mèches.
Et tu penseras davantage.
Tu croiras davantage.

Tu créeras davantage.

Une fois que tu auras terminé,
Il sera en attente de davantage.
Le curseur qui
Clignote
Clignote
Clignote

Virée

Si tu fais une virée avec moi,
Ce n'est pas pour partir.
C'est pour arriver là-bas,
Découvrir ce qui suivra,
Rencontrer des gens
Toutes sortes de gens.

Plus grand est l'inconnu, mieux c'est.

Je ne veux pas la sécurité.
J'aime la frontière entre
Folie et furie,
Possession et démence,
Impitoyable sans être irresponsable.

C'est cela que je veux.

Voilà de qui je peux me sentir proche.
Si tu ne veux pas cela,
Je te conseille de garder tes distances.
Ce ne sera pas exactement comme tu le veux.
Mais si tu es partant,
Rejoins-moi dans cette virée.

Tous les chemins de la jeunesse finissent à Austin, Texas

Nous étions des créatures préverbales de la nuit,
Buvant des bières à la pression bon marché
Écoutant des chanteurs amateurs
Et débordant d'optimisme.
Une communauté d'alcooliques née avec le millénaire,

L'esprit fasciné par l'espoir, la peur et le désespoir.

Il vaut mieux être ici
Que partout ailleurs.

Je regarde mon ancienne âme
Celle qui aspirait à ressentir.

La jeunesse te fait croire n'importe quoi.

Je regarde et je n'y peux rien.
Le goût du risque et
L'enthousiasme de l'optimisme me manquent.

J'ai réalisé que les limites de ma vie s'étrécissent.

Suis-je en train de m'éloigner ?
De la personne que je suis censée être ?
Je ne suis pas sûr.
J'essaie de croire qu'il est encore temps pour moi d'explorer.

J'ai besoin d'être seul un moment pour me ressaisir.

Kelly s'approche et demande : « ça va, mon pote ? »
« Ça va,
Ça ne va pas,
J'en sais trop rien, » lui dis-je.
Je sais que j'envie l'époque où je me sentais perdu,
L'époque où mon esprit vociférait.

Entendre ma jeunesse me manque.

Le groupe me rappelle
Les rêves que j'avais formés
Les rêves qui sont restés.
Un désespoir tranquille s'ensuit,
Un voyage d'une vie pour atteindre un moment.

Celui où nous expirons notre vrai souffle.

La fin de la jeunesse est une chose si fragile.
Elle nous échappe au moment où on la désire le plus.
La société nous met la pression,
Coupe court à l'exploration,
Invoque l'urgence de la situation.
Le tic-tac s'égrène et nous exaspère.
J'aimerais qu'il n'en soit pas ainsi,
Mais je suppose qu'il doit en être ainsi.
Quelque chose doit nous rappeler qu'il est idiot de gâcher son temps.

Le temps est un rappel impitoyable que l'éternité ne dure pas.

La nuit,
Un rideau noir tombe sur un passé gris.
Nous désirons ardemment tout vivre pour la première fois.
Mais au lieu de cela, nous vieillissons.
Nous résistons encore.
Par moments –
Nous voulons désespérément oublier.
À d'autres –

Nous voulons éperdument nous rappeler.

L'attraction l'emporte sur les contraintes, et nous allons de l'avant
Même quand il est plus facile de ne pas le faire.
Tant que nous croyons à la rareté de la lumière,
Nous nous accrochons à cette croyance
Car nous savons que même les individus les plus hallucinés ont triomphé.

Un souvenir devient une victime de l'émotion.

L'impression d'être aujourd'hui banal se rit de nous
Alors que nous aspirons à répéter le passé,
À nous glisser dans notre ancien moi,
Pour renaître et tout revivre
Pour la première fois.
Quand le frisson de la découverte était neuf.
Mais nous sommes distraits lors des premières expériences.
Incapables de pleinement les apprécier,
Nous ne devenons victimes que plus tard.

Affligés par la nostalgie.

Mais les bières continuent d'affluer.
Les chansons de passer.
Les désaxés et moi acclamons une nouvelle tournée.
Danny est sur la scène,
Prêt à gratter quelques cordes.
Nous buvons.

Je suis triste maintenant.
Contrairement aux autres,
Je suis déjà passé par là,
Et demain arrive trop vite.

Cela va me manquer.

Quand la virée sera terminée et que je retrouverai mon marasme
quotidien,
Cela me manquera encore plus.
Et
Même plus tard, quand je serai bien plus âgé qu'aujourd'hui,
Après avoir vécu beaucoup plus d'histoires et d'expériences,
Je repenserai à ce soir, repenserai à maintenant.

Cela me manquera.

Ce n'est pas le succès qui te tuera mais la passion
Dévorante pour l'atteindre.

Je ne résiste pas - je devrais - mais ne le fais pas.

Je pourrais écrire sur elle.
Ce n'est pas le cas avec toutes les filles.
Le pire ?
Parfois celles sur qui on écrit ne nous font pas du bien.
Ces filles... sont une mauvaise habitude pour moi.
Je n'y peux rien.
Je ne résiste pas.
Elles m'inspirent plus pour écrire,
Que les autres filles.

Penne alla vodka

Il fait moins onze degrés
Et je tiens une barquette froide boursouflée
De penne alla vodka.
Des reliefs de la réunion hebdomadaire.
Je suis resté tard pour sécuriser l'histoire.
Je ne pouvais pas les voir partir à la poubelle !
C'est la dèche ce mois-ci, tout est bon à prendre.
J'aurais préféré qu'elles ne soient pas emballées dans de l'alu.

Je me dépêche – j'essaie de devancer la vapeur de mon souffle.
Tout est froid.
Les vélos sont froids.
Les poubelles sont froides.
La boîte aux lettres est froide.
Les putains de pâtes sont froides !

Je ne peux pas bouger les doigts,
Ils me brûlent – les extrémités sont en feu.
La rigidité cadavérique s'installe, ma main droite est paralysée.
Je change la barquette de main et secoue l'autre.
« Allons, main, arrête de brûler. »
Cela n'a absolument aucun sens !

Je glisse sur du verglas
En tournant au coin de la 44e et Broadway.
Je lâche les pâtes.
Elles se répandent sur le sol.
La sauce durcit, comme le glaçage d'un gâteau en béton.
Les nouilles deviennent cassantes,
Rêvant de se ramollir sous l'eau chaude.
Mon gant droit reste collé à la barquette en alu.
Je l'arrache d'un coup et remets mon gant.

Je grimpe l'escalier vers mon appartement.
Quand j'arrive aux boîtes aux lettres,
Mes mains renaissent.
Je ne pense plus qu'aux pennes alla vodka.
Dois-je redescendre et les ramasser ?
Oui – mais non – je ne peux pas.
Elles doivent être congelées maintenant.
Les rats seront les premiers à s'en régaler.

Je suis devant ma porte.
J'ai faim.
Je suis épuisé.
Poche ou veste ?
Où sont mes clés ?
Je ne trouve pas ces fichues clés !

Je vais devoir ressortir dans le froid.
Je vais devoir reprendre
Le métro
Retourner au boulot
Chercher ces putains de clés sur mon bureau !

Mais avant,
Je vais devoir passer devant
Ces satanées pennes alla vodka.

Les combattants de l'UFC

Ils sont les plus braves des âmes.
Ils n'ont pas le choix.
Ils doivent tout sacrifier pour gagner.
Nul ne compte les heures d'entraînement.
Non, le temps se compte en jours, semaines et mois.
Parfois la chance
Qu'ils attendent met des années à arriver.

De longues astreintes d'autodiscipline.
Famille, amis, maris et femmes deviennent des étrangers.
Ils restent terrés dans des gymnases glacials.
Ils se ménagent et se mettent en condition.
Ils ont faim.
Ils restent concentrés dans un monde d'incertitude,
Mais sans jamais pouvoir douter.
Du jour où ils commencent, ils sont les grands perdants.

Homme ou femme, il faut être sauvage pour rester dans la course.
Des êtres qui, l'esprit lucide, ferment les yeux,
Et imaginent les coups de poings et de pieds qui pleuvent,
Les parent face aux miroirs,
Obligés,
En permanence,
De visualiser leur pire adversaire...
En eux-mêmes
Se demandant sans relâche
S'ils sont assez forts.
Oui, oui, c'est pour cela qu'ils sont devenus des combattants !

Ils se sont poussés eux-mêmes
Aux limites de la folie humaine.
La frontière n'est qu'à quelques pas,
Il leur serait tellement plus simple de la franchir.
Comme tout un chacun.
Mais ils ne le font pas,
Ils regardent en bas et ne supportent pas d'être de simples
mortels.
Leur raison de vivre exige plus.

Le plus triste, pour la plupart,
Est que la cagnotte sera toujours faible.
La cagnotte peut même s'envoler.
L'âge a fait trop de victimes,
Et même les meilleurs doivent finir par comprendre
Que l'âge met un terme à tout.

Pour les élus,
Ceux qui ne peuvent accepter aucune de ces réalités,
Ceux qui ne peuvent penser à rien,
Ne peuvent s'imaginer faire autre chose,
Ceux qui n'ont pas de peur,
Ceux qui sont prêts à mourir,
Le genre de personnalité à laquelle on aspire tous,
Juste une fois, être,
Ceux que nous suivons,
Ceux pour lesquels nous prions,
Ceux pour lesquels nous souffrons,
Ceux pour lesquels nous crions,
Dans la victoire comme dans la défaite,

Une vie, un combattant,
Voués corps et âme à l'UFC.

Le déni est une vertu.

L'autre côté du temps

Le temps,
C'est un putain d'hélicoptère sur ton dos.
Qui suit chacun de tes mouvements.
Un foutu rappel de ce que tu aurais voulu
Et
Du peu que tu as obtenu.

Je suis toujours pressé.
Fonce
Fonce...
Je t'emmerde, le temps !

Je n'adhère pas au : « ça devait arriver. »
Non,
Va te faire voir, mec, si tu crois ça.
Je vais y arriver.
Je suis un putain d'entêté.
Je suis un putain d'ambitieux.
Je suis un putain de fou furieux.

Je vais y arriver.
C'est sûr !
Quant au temps,
Il ne sera pas de mon côté.

Échecs américains

(Héros malhonnêtes du quotidien)

Les enfants vont apprendre des choses,
Comment faire pour manœuvrer,
Esquiver,
Et couper court.
Ils joueront sur l'empathie
Et utiliseront l'émotion pour dissimuler leur inaptitude,
Le miroir aux alouettes qu'est leur vie.

Dans ce jeu de la vie,
Ils profiteront des failles,
Ils deviendront des maîtres du mensonge social,
Tournant en ridicule la diligence,
La discipline
Et le dévouement,
Formés à rejeter
Tout ce ressemble à une responsabilité,
Doués pour l'agression passive –
Responsables de rien –
Sans avoir rien réalisé
Rien changé
Rien
Que dalle.

Ce sont les professeurs qui leur enseigneront
Parce que les enseignants étaient eux autrefois.
La matière en question recouvrait
Un étalage éblouissant d'adaptabilité subjective.
Désorientés par les professeurs,
Désorientés par les parents,
On leur apprend à être désorientés
Par ceux qu'ils admirent le plus.

Nous grandissons dans une société qui
Nous rejette
Nous récompense
Nous étiquette.
Bien trop rapidement, elle trouve un moyen de nous rabaisser,
Laissant des adultes entretenir d'interminables batailles
Les uns contre les autres.

Car, à quelle vitesse progressons-nous
Quand on ne reçoit pas
D'encouragements ?
C'est là que le diable sort de sa boîte.
Toute croissance est soumise
Au désir sans fin d'être
Désiré et considéré,
Il est faux de croire que nous avons besoin d'être mis
Sur un piédestal.
Une annonce de la perte de nos potentiels,
C'est cela qu'on nous apprend.
Et par conséquent,
Les Américains sont élevés pour être introvertis.

Ils disent que la santé mentale nous sauvera tous,
Mais comment croire le psy qui a besoin d'une thérapie
Ou nous prescrit des médicaments pour qu'on continue
Avoir besoin de lui,
À le payer.

Les impôts des travailleurs les plus acharnés
Dépensés pour ceux qui
Jouent un rôle,
Qui ont eu une mauvaise éducation,
Qui savent que la manipulation est meilleure que le talent ?
Ils jouent le plus beau match.
Le progrès du pays sera freiné par ce jeu.
La peur de l'oubli va enflammer son feu.

Tout le monde brûlera de
L'insanité
Intolérable
Appréhendable
Du jeu.

Pour ceux qui se battent pour l'honneur,
Observateurs passifs et créatifs,
Les dés rouleront sur eux-mêmes,
Les chiffres mentiront,
Et ne feront jamais sauter la banque.

Lorsque l'enfant
Pleure
Supplie
Nous donne une réponse sincère,
Nous l'ignorons, le jugeant faible.
Quand l'enfant est
Silencieux
Tente de se suicider
Se cache derrière le masque des déceptions,
Nous disons qu'il est courageux.
Le pays lui donne argent, logement, nourriture et psy.
Tous les soins
Qu'il peut attendre des États-Unis.

L'honnêteté est dangereuse.
Ceux qui portent la vérité
Deviennent des victimes ingénues du jeu.
Elle se retourne contre eux.
Elle les bouffe.
Elle fait d'eux les abeilles ouvrières,
Réfute toute intelligence en eux
Les positionne loin
Du pouvoir
De l'innovation
Pire, elle les place sous la direction de monstres,
Ceux qui s'assurent que l'avancement s'écroule sur lui-même,
Comme s'il était un très long pont,

Que l'on construit,
Mais au dernier boulon à visser
La structure entière s'effondre,
Et tout le projet est à recommencer.

C'est l'Amérique.
C'est le prix payé par les individus qui travaillent dur.
C'est la terre de la liberté.
C'est la terre de la négligence.
Nous baignons dans une triste confusion,
Mélange de chaos et d'ignorance flagrante basée sur
Les retards dans
Le développement
Les possibilités
Les ambitions.

Le gouvernement nous dira ce qu'il veut.
Les médias nous montreront
Ce que quiconque les paiera pour nous montrer.
Les gens les croiront,
Donneront leur vie
Pour entendre ce qu'on leur dit de faire.
Ils suivront l'eau comme des troupeaux d'antilopes.
Ne cherchant rien de plus que
La direction la plus facile
Pour manger et digérer la nourriture
Puis la chier ;
Et, quand ils auront à nouveau faim,
Chercheront le prochain festin.

Le mouvement est fiévreux et sans direction.
Notre intuition invalidée.
L'esprit de chaque individu lui est arraché
Avant qu'il n'ait le temps de s'engager.
Les jours les plus noirs sont obscurcis
Par le désenchantement imminent.
Le doute intérieur.
Les traqueurs attendent leur proie,
Une proie déjà vaincue.

Des hommes brillants transformés en vendeurs.
Des vendeurs transformés en présidents.
Si seulement la page était blanche depuis le début,
Les enseignants autoriseraient l'exploration.
Si seulement les objectifs étaient cohésifs,
Le progrès pourrait prévaloir.
Si seulement le jeu n'existait pas,
La folie ne détruirait pas les esprits.

Une cape chatoyante va être jetée sur vos yeux,
L'attention détournée
Par cette diversion –
Ou une autre distraction,
En attendant la prochaine,
Jusqu'à ce qu'on n'y voit plus rien.
Le brouillard flotte devant nous,
Nous forçant à rester petits.
Et si nous osons regarder au-delà,
Nos yeux se fermeront,
Et resterons fermés,
Jusqu'à ce que nous redevenions obligeants.

Cela peut vous abattre.
La culpabilité vient ensuite,
Sous l'impulsion du bouillonnement intellectuel
De la pensée profonde.
Une sublime réflexion irrigue vos veines
Et quand le sang se concentre,
Naît un noir sentiment de désespoir.
Tous vos membres
Deviennent lourds et plus difficiles à bouger.

Mais les chercheurs soumis s'opposent à cela.
Ils croient en la pureté.
Ils inspirent la minorité à croire
Au changement.
Une force les tire hors de la folle machination de la vie.
Debout,
Sur un échiquier sans pièces.
Où seuls les espaces se déplacent.
Chaque mouvement contrôlé par le plateau.
Ne sachant pas
Mais croyant
Possible
De gagner.

Les pas de la ville

La fin de la semaine –
Un sourire sans joie et sans courage.
Les pieds des citadins battent le pavé
Composant une sordide mélodie du malheur.

Résolu à écouter
Je ferme les yeux,
Je ne bouge pas.

Quelle ville.
Quelle triste chanson.
Quelle étrange façon d'apaiser mon âme.

Trop réfléchir est un dommage inhérent à la vie à New York City.

Erreurs

J'ai fait des erreurs.
Malheureusement
J'en ai fait beaucoup.
J'espère que tu n'en as pas fait autant.
Je le souhaite réellement pour toi.

Mais,

Si tu en as fait, ne sois pas trop dur avec toi-même.
Ne fouille pas dans le passé.
C'est un remède illusoire.

Et,

Si tu l'avales,
Il va couler dans tes veines,
Il va imprégner chaque organe,
Et s'insinuer dans ton âme.

Mais,
Arrête-le avant qu'il s'infiltre dans ton cœur.
Oui, certaines erreurs ont ce pouvoir.

Et,

J'espère qu'elles sont rares.
J'espère que tu as le courage de te pardonner.
J'espère que tu peux être courageux,
Car il y aura toujours des erreurs.

Tombe la pluie

Le monde n'est pas si dur.
Franchement, non.
Nous le rendons plus difficile.
Cela vient
Des biens dont nous n'avons pas besoin,
Des endroits où nous préférions être,
Des personnes que nous ne serons jamais.

C'est différent pour moi.
C'est différent pour nous.
Et les obstacles de la vie ne veulent rien dire.
Ils sont un lapin en peluche,
Un leurre qui nous attire vers le mirage fantasque de la
mystification.

Il faut du courage pour être heureux dans sa vie.
Il est normal d'être heureux.

Identifie ce que tu veux vraiment
Et ne t'arrête pas avant d'y arriver.
Il n'y a pas de règles à ce jeu.
On gagne des points avant, pendant et après le match.
Parfois, le score n'a aucune importance.

Le monde n'est pas trop dur.
La jalousie et la bassesse font de nous les perdants.
Les gagnants ne se battent jamais.
Ils sont plus avisés.
Si tu ne me crois pas, ce n'est pas grave.
Tu as juste besoin de sortir faire un tour quand il pleut.
C'est là que tout devient clair à nouveau.

Le loser

Cela faisait trois mois que je ne l'avais pas vue.
J'avoue que la pile de bouteilles vides et de verres
Avait grossi rapidement durant ce laps de temps.
Je l'appelais et lui envoyais des textos tard dans la nuit,
Le contexte n'était jamais véridique,
Les questions toujours suggestives,
Un : « puis-je venir ? »
Ou : « Nous devrions nous remettre ensemble, »
Faisait vibrer son téléphone entre minuit et 3 heures du mat.

Cela devait la rendre folle.
J'en ai honte.
Mais, même avec ce manque de considération dégueulasse,
Elle est venue une nuit.
Elle était belle,
Comme toujours.

J'espérais qu'on pourrait s'amender de toutes ces conneries,
Des conséquences directes de mes actions passées,
Mon égoïsme,
Mes tourments.
Je voulais tout oublier et profiter de la soirée.

Les ampoules pendaient des poutres transversales du bar,
Envoyant des étincelles de baisers
Dans l'air chaud de la fin de l'été.
Mais elle ne m'a pas embrassé.
Elle m'a dit que j'étais un loser,
Une déception, et une putain de perte de temps.
Si elle savait comme elle avait raison.
J'aurais pu lui dire cela le jour où on s'est rencontrés.

Elle était agressive,
Espérant me briser.
C'était sa façon de se contorsionner pour revenir
Et changer notre discours.
Elle croyait en vain que
Nous pourrions tomber d'accord.
Son approche m'a déçu.
Si elle avait eu une once de compassion,
Peut-être que cela aurait marché entre nous.

Les gens peuvent dire n'importe quoi
Pour récupérer ce qu'ils ont perdu.
Ils le font pour provoquer
Une hausse de ton
Une réaction
Un sentiment d'oppression,
Une évaluation de leur pouvoir.
Il est difficile d'être sur la défensive
Quand tu es le joueur le plus faible de ton équipe.

Je n'ai rien dit :
J'étais un loser.
Je me demandais si tous ces poèmes
Que j'avais réunis méritaient que j'abandonne,
Ou si elle avait raison de me dire de continuer.

J'ai commencé à douter de moi.
Elle ne voulait pas comprendre.
Elle ne savait pas qu'elle n'était qu'une groupie.
Elle ne serait jamais heureuse avec moi.
Voilà pourquoi je ne l'ai pas laissé faire.
Parce que je ne peux pas douter de moi,
Et personne ne sait vraiment comment prendre soin de l'autre.
De cela, j'en suis sûr.

Peut-être lira-t-elle un jour ces maudits mots.
Avec un peu de chance, ils donneront un sens à mon geste.
Elle obtiendra peut-être l'explication qu'elle voulait.
J'espère qu'elle tournera la page.
Elle saura qu'il ne vaut pas le coup d'être avec un loser.

Ma vie pourrait être meilleure
Si je n'étais pas dedans.

Je te rachèterai bien mon âme, mais nous sommes fauchés, bébé.

Je l'avoue ; je ne t'ai pas facilité la tâche.
Je ne me connaissais pas assez bien.
Je n'ai jamais su qui tu étais non plus.
Je suppose que je me reposais sur l'idée
Qu'on devait croire en nous.

Deux ans de ce cirque.
Deux ans à essayer de réparer quelque chose.
Deux ans de pièces manquantes.
Deux ans de maintenance.
Deux ans...

Je ne le regrette pas.
Je me souviens encore du jour où je suis tombé amoureux de toi.
En été – je ne m'étais jamais senti aussi vivant.

J'ai sondé ton regard.
Je voulais m'y noyer à jamais.

Je ne sais pas ce qui aurait changé
Si j'étais resté dans le Maine,
Si j'avais fait demi-tour pour retourner à la maison de la plage.
Les larmes inondaient mon visage,
Atlas Hands bourdonnait dans mes oreilles.
La fraîcheur de la vitre de la fenêtre était mon seul réconfort.
J'avais une peur bleue de ce qui se passerait
À New York, New York.
Tout a changé.

Tu es venue me voir – je savais que tu viendrais.

Mais je ne te connaissais pas alors.
Nous avons dû tout recommencer.
Après avoir refait connaissance,
Nous avons compris que ça n'irait pas,
Mais nous nous sommes accrochés à cet été...

Allumer, éteindre, allumer, éteindre,
À fini par me rendre aveugle.
Je me demandais chaque jour si je retrouverais la vue.
Je voulais que nous aussi arrivions à voir – simplement voir,
Mais je suppose que ce n'est pas si simple.

J'ai travaillé, fait des sacrifices et espéré que ça s'arrangerait.
Il y avait tant de moments où je voulais arrêter.
Mais – je ne me suis jamais senti aussi vrai qu'avec toi.
Je sais que tu voulais ressentir la même chose.
Mais – je n'ai jamais senti que tu pourrais.
Tu ne semblais pas prête.

Tu étais un faon fragile,
Je voulais te rendre plus forte.
J'avais besoin que tu te sentes plus forte.

Tu ne peux être fort si l'être que tu aimes est faible.

Il faut de la force pour être seul.
Aucun de nous deux n'avait la force d'être seul.
Du moins, jusqu'à maintenant.

Mon cœur porte une fine déchirure.
Il fuit de temps en temps.
Il laisse sortir un peu de ton amour.
C'est une fêlure que je répare encore.

Mais –
Je suis exaspéré, fatigué et fauché.

Je dois tourner la page

Je me souviens de toi dans la lumière.
Je veux égoïstement oublier les fois où je t'ai mise dans le noir.
Je sais que tu étais tourmentée.
Je sais que tu pensais tout me donner.
Je sais que tu pensais que ce n'était pas réciproque.
Et ce n'est pas grave ; tu as le droit de penser cela.

Mais sache que je n'ai pas oublié ton amour.
Comment pourrais-je oublier une chose aussi précieuse.

Merde, quelle connerie !
Ça me fout à nouveau en rogne.
Je t'appellerais bien, tout de suite.
J'essaierais encore...
Tu répondrais présente, je le sais.
Mais je m'en empêche...
Il faut que j'arrête...

Je me souviens de toi il y a deux ans.
Je me souviens de tes cheveux noirs.
Je me souviens de tes lèvres parfaites.
Je me souviens de ta fragilité.
Je me souviens de ton visage – pour toujours.
Je me souviens de nous tombant amoureux l'un de l'autre.
Je me souviens de ton amour.
Je me souviens de ton... Non, interdiction de me laisser aller.

Car un souvenir n'est rien de plus qu'un bonheur passager.

Et je choisis de me souvenir de toi ce soir.

Regarder à droite

Cela fait cinq ans que je n'ai pas regardé
Du côté gauche d'une voiture.
Dans les taxis, je m'assois toujours de façon à voir Long Island
City à travers les câbles qui soutiennent le pont de Queensboro.
Au loin, presque à fleur d'eau,
Les néons de l'enseigne Coca-Cola saignent
Sur Gantry State Park.

Roosevelt Island est difficile d'accès en métro.
Aussi, à midi, je marche le long de la 59e
Et passe sous les superstructures de ponts
Construits des années avant ma naissance.

J'arrive au bord de l'eau,
Et j'y mire mon reflet.
Des quartiers divisés par des rivières et cours d'eau.
Ce n'est qu'ici que je suis capable de regarder à gauche.

Des idiots inconstants

Nous souhaitons tous trouver notre place.
Alors nous faisons facilement confiance.
Telle est notre nature,
Faiblesse nécessaire à la condition humaine.

Cela nous rend vulnérables
Rompus et brûlés souvent,
Sous ces cieux noirs que l'on voudrait radieux.

Tout le monde est occupé,
Accaparé par des distractions,
Délaissant valeur et intégrité,
Et sans ces deux qualités, nous paradons dans Manhattan,
N'abusant que nous-mêmes.

Si seulement nous avions conscience de notre épuisement.
Il serait bon de s'arrêter un instant
Pour réfléchir
Pour douter
Pour tirer quelque chose de substantiel.
Mais comment serait-ce possible ?
Nous ne sommes rien d'autre que des idiots inconstants.

L'espoir et le cynisme sont comme les hommes et les femmes,
Compatibles en dernière instance.

Un verre pour oublier la solitude

(Nouvel An, même heure)

Les rues n'étaient pas faites pour moi hier soir,
Mais je les ai quand même empruntées.
Une année avait passé
Et je, eh bien, je ne savais pas qui je devenais.
J'avais abandonné mes amis à la fête
Après avoir pris un dernier verre.
Un dernier shot pour oublier.
Ou tout du moins
Pour nous remettre des déceptions
Qui venaient de l'année passée
Qui arriveraient cette année.

Tout en marchant dans la rue,
Je commençais à oublier ce qu'il fallait retenir.
Cela ne me troublait pas plus que d'habitude,
Parce que les souvenirs me semblaient être
La pire chose qui soit.
Il ne me gênait pas de penser à elle,
Mais il me gênait de penser à elle
En allant rejoindre une autre.
J'ai continué à marcher en espérant que l'alcool ferait son effet.

14e et 3e – j'étais à mi-chemin.
J'ai hélé un taxi, mais il ne s'est pas arrêté,
Son numéro était éteint.
J'étais trop mort pour voir la différence.
Regardant au loin, j'ai vu une parade, une longue file de solitaires,
Un rassemblement de rabat-joie.
Ils allaient s'éclater ce soir.
Ils essayaient eux aussi d'oublier.
Comme moi-même j'oubliais.
En bas de la cage d'escalier, il n'y avait personne.
Je me suis caché sous le néon du pressing.
Ma chemise était sale. J'aurais pu la déposer.

L'urine a failli éclabousser mes orteils,
Mais je me suis senti plus léger,
Et cela m'a aidé à y voir plus clair.

J'ai accéléré le pas.
Les bras d'une rabat-joie m'attendaient !
Je serais bientôt en elle.

Une voiture a fait une embardée et a failli me doucher,
Des flaques s'étaient formées dans les trous de la chaussée,
L'argent des contribuables bien employé.

Ma confusion était tragique,
Les numéros des immeubles flous à lire.
Côté droit pair – côté gauche impair
Où diable est le 369 sur la 29e rue ?
Je suis trop fatigué pour cela.
Je suis trop ivre pour cela.
Je suis trop nostalgique... pour elle.

Je me suis arrêté dans une boutique acheter des provisions.
Capotes obligatoires,
Je devais assurer ma protection.
Le paquet de chips mélange festif – bon, c'était par sécurité.
Un truc pour me rappeler que j'avais été jeune.
C'était moins compliqué alors.
Un jour, les choses vont se tasser.

Jusqu'au 8e étage et je fais irruption.
Le sapin encore illuminé, les cadeaux distribués depuis une
semaine, j'ai jeté un coup d'œil par la porte.
Le craquement des bretzels l'a réveillée.
Je l'ai posé – le sac entier – et me suis déshabillé.
J'ai maté longuement sous les couvertures,
Juste assez pour exciter ses terminaisons nerveuses.
Aucun de nous ne savait ce qui se passait,
Mais nous allions faire en sorte que cela ait lieu.

J'ai lentement fait glisser son peignoir
Et remarqué qu'elle s'était préparée pour mon arrivée.

Rabat-joie dans rabat-joie, j'ai bougé lentement en elle,
Me tenant au cadre métallique du lit.
Patiemment comptant les étapes nécessaires pour –
Pour la précédente elle.
Ça fonctionnait – mais j'étais – je ne pouvais pas –
Mon esprit était encombré.
Je ne me suis pas arrêté – je ne pouvais pas – cela aurait été
injuste.
Mais je voulais le faire.

Je me suis retiré lentement après son orgasme.
J'ai renoncé à mon propre plaisir.
Je suis resté là.
Avec elle – mais voulant retourner dans la rue.
Marcher – n'importe où.
Peut-être retourner au bar ?
Retourner aux verres ?
Retourner là où je n'avais pas à me rappeler ?

Ici et maintenant, avec une autre fille,
Je ne pouvais pas,
Je ne pouvais pas l'oublier.

La trajectoire de la plume

Je pense que tout le monde, n'importe où, peut aller où il veut.
Et, non, je ne veux pas dire par le mental.
Mais osciller et voltiger comme une plume d'oiseau.
Qui tombe dans des zones au gré des éléments.
Je préfère prendre la plume
Et la ficher où elle doit être.

C'est religieusement paisible,
Comme quand tu écoutes une chanson
Et te mets à pleurer sans raison
Sinon que tu la trouves divinement imparfaite,
Tout comme toi,
Comme tout le monde.

Mieux vaut simplement se laisser aller.

Ou comme le frisson soudain
Ressenti en écoutant une voix basse
Qui apaise tout ce qui a provoqué ton angoisse.
Plus rien n'a d'importance et la chair de poule percole,
Elle est la seule sensation que tu veux avoir.
C'est tout simplement parfait.
C'est triste, mais tellement beau.

Je me demande où la plume volera ensuite ?
Je vais suivre le vent jusqu'à ce que j'aie envie de suspendre le
trajet de la plume.
À la dérive – je suis porté par
Une trajectoire décidée par n'importe quoi et n'importe qui.

Sexe

Un bon coup est difficile à trouver.
Rien à voir avec l'acte physique,
Franchement, c'est bon qu'importe la fréquence ou la manière,
Et c'est là mon problème.
Ce n'est bon que si tu es bien.

J'aime tout dans l'union de deux êtres,
Chacun totalement vulnérable,
Chacun totalement désireux,
Mais parfois le bon n'y a pas sa place.

Nos rapports sont trop effrénés
Trop rapides
Trop courts
Trop prématurés.
On se marre,
Mais c'est pour les mauvaises raisons.

T'est-il déjà arrivé de faire l'amour à quelqu'un
Et de le regretter immédiatement ?
As-tu déjà fait l'amour et maudit ton impatience ?
As-tu déjà fait l'amour et pensé intérieurement que c'était mal,
Car tu le faisais pour de mauvaises raisons ?
Peut-être ces questions ne viennent qu'après
Une fois l'excitation du passage à l'acte dissipée.

Ces derniers temps, je sens que je me rabaisse
Ainsi que les femmes avec qui j'ai des rapports.
La chose terminée, nous restons silencieux.
Moi, par peur d'être débusqué
Elles, parce qu'elles savent pertinemment
Ce que j'en pense.
Avant j'aimais faire l'amour, j'aimais même l'après.
Aujourd'hui j'aime toujours l'acte,
Mais après coup, j'ai hâte que l'on se sépare.

Le sexe, comme solution provisoire, condamne à la tristesse.
Le désir est une obsession,
Qui comble un manque d'affection.
Alors on se démène pour trouver un truc qui n'est pas là,
Un rappel égoïste de notre nature désirable.

Le seul moyen est d'attendre,
Prendre le temps de voir par-delà
Les vanités associées au sexe,
Échanger cent nuits de camaraderie
Contre une nuit d'envol
Qui soit bonne,
Si bonne
Que jamais plus on ne désirera quelqu'un d'autre.
C'est dur à trouver, cependant.
Comme tout ce qui est bon.

La magie
Vient seulement après que tu as échoué trop souvent
Et que ta beauté
N'a plus d'autre choix que
De se libérer.

Branle-bas de combat

Il y a toujours cette petite part de nous.
Elle passe inaperçue jusqu'à ce que le voile soyeux se soulève.
Elle est la seule chose qui nous retient.

Elle suscite la peur.
Elle provoque l'hésitation.
On pourrait presque la qualifier de maladie.

Elle peut nous perdre totalement.
Sans le combat,
Nous ne serions rien.

Nous devons la combattre,
Nous devons,
Repousser les insécurités et les démons.

Prends le risque de perdre,
Toi-même.
Tes amis.
Ton amour.
Prends le risque...

Si tu ne le fais pas, tu n'auras rien.
Ce n'est pas du tout
Pour être admiré des autres.
Non.
Et si c'est ce que tu penses, alors tu te caches.

Lâche prise.
Lâche prise.
Lâche prise.

Ce que tu désires arrivera.
Tu dois le laisser entrer dans ta vie.
Une fois que tu l'auras, il s'accrochera.

Ne le maltraite pas : il est facile de le rejeter.
Chéris-le.
C'est la seule responsabilité que tu as.
Tu es le seul à pouvoir tout gâcher.

Tu peux faillir, mais toujours te réconcilier.
Les idées fausses vont pourrir l'essence même de sa pureté.
Fais donc attention à ce bien précieux.
Le pire de tout serait
De perdre ça.

Les petits riens

On subit beaucoup de pertes,
Perte d'amis
Perte de sa jeunesse
Perte d'opportunités
Pertes heureuses
Pertes malheureuses
Perte

Les rues charrient cette perte avec nous.
Des visages en quête de quelque chose,
Une éraflure
Une balafre
Un coup de couteau
Un truc pour nous faire saigner de nouveau.
Perpétré par la damnation du passé
Une bombe à retardement dégoupillée par
Les médias
Le gouvernement
Les écoles
Les patrons
Les petites amies
Les petits copains

Tout nous éloigne
D'où nous sommes censés être.
Pas étonnant qu'on ne nous donne pas
Une feuille blanche et un crayon le premier jour d'école.

Mais en quoi serait-il dangereux de nous demander
D'écrire
Dessiner
Déchirer
Dégrader le papier ?

Faire des choix,
Est tout ce que nous demandons.

Le ciel brille d'étoiles en manque d'amitié.
Elles attendent que quelqu'un les désire.
Espérons que celle que tu choisis ne s'effondre pas,
Éblouissant les voies aériennes avec de se désintégrer,
Un feu d'artifice intergalactique,
Un néant noir.

Qu'il est beau d'être si seul.

Même les explosions
Au début
Nous remplissent d'espoir.

Promenade de santé sur la 34e avenue
(L'appel d'Astoria)

L'enseigne de l'épicerie est verte avec des lettres jaunes.
L'ancienne version
Me manque
Quand le fond était jaune,
Les mots rouges.
C'était une enseigne pourave il y a une semaine.
Je la préférais ainsi :
Au moins l'épicerie était pittoresque,
Une sorte de monument local.
Maintenant elle semble toute neuve
Trop propre sur elle.
Les légumes paraissaient douteux,
Je n'achetais que ce dont j'avais besoin.
Ils duraient un jour,
Peut-être un jour et demi avant de pourrir.
Maintenant, avec la rénovation du magasin,
Les légumes ont l'air plus frais :
Encore une illusion d'optique de la vie.

La laverie automatique Alpha est bondée,
Pas besoin d'y entrer pour vérifier.
Les vitres sur la rue sont embuées.
Je ne vois pas à l'intérieur,
Mais je sais que des pièces de 25c sales, des feuilles d'assouplissant
et des fringues en coton circulent dans le sauna.
Je me demande si des enfants hispaniques
Courent partout à l'intérieur.
Ah, il y en a.
Ils essaient d'échapper à leurs parents
Pour sortir jouer sur le trottoir.
Quand un inconnu approche, ils courent à l'intérieur.
Ils fixent toujours l'étranger
Juste avant de rentrer.
Ils m'ont fixé à maintes reprises.

Grusko's est le restaurant le plus triste du monde.
Ce n'est pas leur faute toutefois,
Juste un mauvais choix d'emplacement.
N'est-ce pas absurde ?

Astoria, autrement dit New York City,
Sur la 34e avenue,
Près d'une rue transversale à Steinway,
Un mauvais emplacement ?
Eh oui.
L'immense salle reste vide.
Le serveur lave le même verre dix fois
Dans la soirée.
Il n'a rien de mieux à faire.
Grusko fume un gros cigare au bar,
Le géant grec aux yeux de la taille de câpres.
Tant mieux, on ne peut voir leur tristesse.
Même en essayant,
Même en s'approchant tout près,
On ne pourrait pas la voir.
Un nuage de fumée en bloquerait la vue.

Je passe devant Willy.
Il essaie d'attraper l'air devant lui.
Je me demande où il va.
Rester assis devant la pharmacie toute la journée ?
Pas un mauvais endroit pour un clodo, j'imagine.
Au moins, on est prêt de l'essentiel.
Il a même un magazine qu'il utilise pour ses petites affaires.
Je jette un coup d'œil et vois qu'il s'intéresse aux
Beautés noires fessues.

Je songe un instant à saluer Willy, mais n'en fais rien.
Qui sait ce qu'il va faire ou dire ?
Je me sentirais obligé de lui donner de l'argent, à manger, ou
perdre mon temps à l'écouter.
Alors je ne le salue pas.
Si je commence, je devrai le faire chaque fois.
Même quand je n'en aurai pas envie,
Je devrai le faire.
Je ne blâme pas Willy.
Non, vraiment
Il est humain.
Il est fragile.
Il essaie juste de créer un lien.
Il est simplement comme tout le monde.

Vous savez comment ça se passe.
Une fois qu'on donne sa chance à quelqu'un, il s'y accroche.
Je suppose que je ne donne pas sa chance à Willy.
On ne se donne pas ce mal sans en subir les conséquences,
Mais je n'ai pas le temps maintenant,
Je dois acheter du lait.

Quand tout espoir a disparu,
Une faible quantité demeure dans une fissure
Que tu as oublié d'inspecter.

Une foule à trois

En haut de l'échelle.
Je ne suis plus un grimpeur.
Je me tiens au sommet.
Une autre fille,
Une autre nuit,

Puis tout change.
Le glamour disparaît
Comme les flaques d'eau dans le caniveau,
Sillonnant lentement les rues,
Cherchant à s'échapper.

Il est triste de penser de cette façon,
Mais même l'eau, l'eau pure, se pollue.

J'ai essayé de me diluer.
Je ne sais pas si j'ai essayé assez fort.
Ces filles ne vont pas être blessées,
Elles le sont déjà.
Le pire dans tout ça :
Ce sera à cause de moi.

Je me sens tout en haut en ce moment,
Mais bientôt
Ça changera.
Je retournerai en bas.
Je serais heureux à nouveau.

La pureté en toute chose
Vient de ceux qui grimpent.
Une fois que tu as atteint le sommet
Ton regard sur le monde change.
Tu ne peux plus voir les autres,
Tu ne vois plus que toi.

Iceman

Quand ma confiance souffre
Je fonds comme de la glace.
Bas
Bas
Bas
Je descends.

Une flaque d'eau.
Deux yeux flottent,
Remplis d'illusions,
J'espère pouvoir me ressaisir.
Je ferais tout pour être à nouveau entier.

Le rythme de mes semelles ralentit.
J'ai besoin de quelque chose,
N'importe quoi
Pour me relever.
Glissant et effondré.

De la chaleur ?
Non, je ne peux l'affronter.
Je m'évaporerais.

Sauf si les nuages refroidissent
Et que je revienne à moi.
Les gouttes d'eau explosent.
Elles volent en éclats contre la vitre,
Formant une lente coulée
Soyeuse jusqu'en bas.

Reprendre appui sur le monde.
J'ai juste besoin d'une nuit fraîche
Pour me reconstituer.
Et cela finit toujours par arriver
Je ne sais pas quand, c'est tout.

Je traverse la rue
Le lendemain matin.
Une flaque d'eau.
Je saute par-dessus.
On dirait que le type n'a pas survécu jusqu'au déjeuner.

Un mot d'excuse qui ne valait pas la peine d'être envoyé

C'est vraiment difficile cette fois. Oui, je sais que je viens juste de te rencontrer et que nous nous connaissons à peine. Mais j'ai toujours du mal à trouver des gens qui non seulement me comprennent, mais qui m'accueillent à bras ouverts. J'ai tendance à être très solitaire – j'ai toujours été comme ça. C'est sans doute un mécanisme de défense : quand tu es seul, personne ne peut te faire du mal. Mais après t'avoir rencontrée, je me sens différent. Bizarrement, j'ai l'impression que tu me connais mieux que la plupart de mes amis – je suppose que ça crée un lien ; je n'ai pas ressenti cela depuis longtemps.

Le vertige émotionnel a commencé la première fois où je t'ai quittée : « Enfin, j'ai trouvé quelqu'un avec qui je peux être et me sentir moi-même. »

Et maintenant, après notre ultime rencontre : « Pourquoi fallait-il que ça arrive, pourquoi, merde pourquoi. »

Il est normal de rester sur ses gardes, de se demander qui est vraiment l'autre. D'autant plus quand l'autre fait n'importe quoi ou commet des erreurs, parce nous sommes tous vulnérables – et nous voulons tous éviter de souffrir. Je sais que tu es blessée à cause de l'autre nuit. Tu ne peux pas savoir comme je me suis senti mal. J'en suis malade d'avoir pu t'atteindre par mon comportement.

Pour moi, l'erreur est humaine : nous merdons, mais ce qui m'énerve vraiment, c'est que si nous nous arrêtons à cela, nous pourrions tous deux rater une chance d'être avec quelqu'un avec qui on se sent bien. Et c'est alors que le miracle se produit – et je sais que, pour toi, le désir d'émerveiller s'est estompé, il a été refoulé dans un petit coin de ton esprit.

Mais mon cœur bat encore avec émerveillement.

Nous sommes tous à la recherche d'une forme de paix intérieure – et je dois l'avouer, après t'avoir rencontrée, je ne l'avais pas encore trouvée : c'était trop tôt. J'étais happé par l'enthousiasme et l'angoisse de tout – de toi, de ta grâce, des choses que nous pourrions faire ensemble.

L'angoisse est, comme tu le devines sans doute, l'un de mes défauts. C'est difficile parce que j'étais impatient d'être avec toi – mais ensuite j'avais peur de te trouver un défaut repoussant ou d'être présenté comme quelqu'un qui compte dans ta vie, ou de faire quelque chose qui foutrait en l'air toute l'histoire.

Je suis sortie avec d'autres filles à New York, et pour être tout à fait honnête, si une telle chose était arrivée avec elles, je me sentirais mal – vraiment mal. En fait, j'ai grandi au milieu des femmes, aussi je sais que chacune d'entre elles devrait être traitée avec le respect et l'affection qu'elles désirent.

Tout comme toi.

Mais comme je le disais, si cela était arrivé avec une autre, je me serais excusé, mais j'aurais sans doute laissé tomber. Je n'aurais pas insisté pour lui reparler. C'est différent avec toi : je sais que je viens de te rencontrer, mais je suis sûr que tu as fréquenté suffisamment de gens pour reconnaître, quand tu as une bonne connexion avec quelqu'un, quelqu'un qui compte, tu essaies, si tu es comme moi, tu essaies de sauver cette relation parce qu'elle est rare, étonnante et effrayante, les trois à la fois.

Je ne m'attendais pas du tout à cela la semaine dernière. J'ai failli ne pas aller chez Jerry et Matt – mais j'y suis allé – et je t'ai rencontrée. Pour moi, être assis sur le canapé et aller au bar vendredi étaient les meilleurs moments : nous avons parlé, nous avons simplement parlé. J'ai du mal à parler avec les filles parfois ; j'ai tendance à masquer ma vraie personnalité et à jouer le comique de service. Ce soir-là, j'ai moins fait le pitre et je me suis ouvert à toi très rapidement – et il semble que tu as fait pareil avec moi.

C'est rare – et cela est/fut/sera toujours précieux pour moi.

Sinon, je te trouve évidemment très séduisante et sensuelle
– j'espère que tu le sais aussi. C'est un aspect important de
l'histoire. Et je pense que ma retenue a pu prêter à confusion. Elle
n'était pas du désintérêt : elle était purement motivée par mon
respect pour toi – je ne voudrais jamais que tu aies l'impression
que j'estime avoir le droit de toucher ton corps.

Je m'excuse pour la longueur de ce mot, mais c'est ainsi que j'ai
tendance à faire sortir mes émotions : la nuit, seul, quand mes
distractions quotidiennes ont disparu, et que je suis enfin capable
de réfléchir à mes sentiments.

Je ne sais pas où nous en sommes. Nous avons à peine commencé
à marcher – mais si tu veux de moi, j'aimerais revenir sur mes pas
et nous remettre en route jusqu'à ce que nous courions ensemble.

Avec mes regrets sincères et mon regard optimiste,

Joe

Inutile d'avoir un carnet reliure cuir
Pour être créatif ;
Un stylo et des feuilles volantes
Suffisent amplement.

L'homme que j'étais

Être honnête avec lui-même,
Est tout ce qu'un homme peut faire
Ou exiger de lui-même.

Sans cela,
Eh bien, tu joues seulement un rôle.
Le jeu d'un autre supplante tes désirs.

Quand tu te regardes dans les yeux
Assure-toi d'y voir l'homme que tu es censé être.
C'est la seule chose au monde
Que tu contrôles

Oui, vraiment

C'est la seule chose qui est sacrée

J'espère pouvoir être vrai à nouveau – oui – j'ai confiance dans le
fait que *je* le serai.

Netflixinitis

Jamais la société n'a autant été spectatrice.
Fixant inutilement des écrans.
Un passe-temps basé sur un divertissement.
Un bourrage de crâne.
« Je dois regarder mon émission. »

Le divertissement n'a rien à voir
Avec votre allégeance visuelle.
Il vient de ceux qui ont passionnément envie
De se dépasser eux-mêmes
Au travers de supports qui leur parlent,
Non de l'animosité de ceux qui ont
Osé essayer
Osé échouer
Osé réussir

Oui, messieurs dames,
C'est
Difficile
Effrayant
Et les loups vous mangeront.

Ne regardez pas le prochain épisode,
Créez-en un.

Danser avec les mots

Parfois, je mène.
Parfois, ils me dirigent.
La structure de la phrase est le cadet de mes soucis.
Je pourrais étudier la forme à l'infini,
Mais je m'empêtrerais dans les pas en le faisant.
Orteils et touches se chevaucheraient.
Alors je travaille avec les mots,
J'apprends à les connaître.

Je soumets mon enthousiasme
Au bon vouloir de la danse.
Je serais perdant à diriger seul.
Les mots sont tout aussi importants que mon intention.
Ils ont été créés pour m'aider à parler.

Donc, je suis le curseur.
La page blanche se noircit.
Chaque pas en avant me semble
Aussi bon qu'une pirouette inattendue.
L'action tournoie et monte crescendo.
Notre récital contribue à créer un merveilleux...
Récit

Et une fois qu'il est terminé,
Quand les mots et moi nous séparons
La danse reste sur la page.
Elle y reste pour la vie.

Buvons cul sec et taillons une bavette.

Qui trouve, garde

Parfois, je voudrais ne jamais avoir eu la moindre chose.
Ce serait plus simple ainsi.
Pas de factures
Pas d'appart
Pas de boulot
Pas d'amis
Pas de filles
Pas d'ambition
Pas de motivation

Quand tu n'as rien, alors tu peux être libre.
Ce n'est sans doute pas aussi idéal que ça paraît.
C'est le problème, je suppose.
La vraie urgence est de le savoir.
Cette histoire nous dérange tous.
Une fois que tu as perdu quelque chose
Tu veux le récupérer.

C'est pourquoi nous devons croire en ce que nous avons.
Mais est-ce assez ?
C'est une bataille qui semble perdue d'avance.
Mais comme tout le monde,
Je ne sais rien faire,
Mais je veux tout avoir.

Promotion

L'entretien s'est bien passé.
Nous avons joué le rôle attendu.
Personne n'a bronché lorsque le badinage insignifiant
À primé sur mes médiocres distinctions.
L'intégrité du Centre
À résonné comme le rire des hyènes.
Une cadence enivrante de conneries.
Connerie, ouais, connerie pure.

Promotion

Et je me suis couché – encore une fois – acceptant la fausse
sécurité
De travailler pour quelqu'un qui n'en a rien
À foutre de moi.
Mais je travaille.
J'ai besoin de l'argent.
J'ai besoin de faire quelque chose.
Je frôle la complaisance et tombe dans le piège.
Mais ce boulot n'a-t-il pas un sens ?
J'ai besoin de sécurité,
D'un boulot,
Quelque chose qui définit mon existence.
L'objectif d'une autre année civile :
Assiduité parfaite.

Promotion

Calculé par le cerveau de vieux schnoques arrogants,
Le PDG et ses sbires – l'algorithme du mérite :
La valeur d'un homme décomposée en statistiques,
La valeur d'un homme ramenée à l'argent,
La valeur d'un homme – en dépit de son conflit intérieur – en
dépit de son intégrité,
La valeur d'un homme rabaissée par ceux
Qui sont plus petits que lui.

Promotion

Rassuré à tort dans mes propres insécurités,
Cédant au mirage,
Malavisé par un faux consentement.
Le sentiment d'appartenance a-t-il une importance ?
Ne pas se retrouver seul justifie-t-il les moyens ?
La valeur d'un homme seul – à ses propres yeux – signifie-t-elle
quelque chose ?
Les pixels défilent sur l'écran – un spectacle de couleurs crée des
images.
Je regarde les images.
Je regarde l'horloge :
Encore 364 jours,
À moins que ce soit la dernière fois,
À moins que j'en fasse la dernière fois.
Mais je ne sais pas comment faire en sorte que ce soit la dernière
fois.
Du moins jusqu'à l'année prochaine.

Promotion

Amitiés passagères

Certains partiront.
En fait, la plupart partiront.
Je sais que c'est décourageant.
Le mouvement ordinaire de la vie
Est plus agréable en compagnie d'amis.
Le plus beau des événements dont tu rêves pour toi
N'égalera jamais la sincérité de l'expérience partagée avec d'autres.
Cela se terminera.
Et tu seras furieux.
Tu souhaiteras n'avoir jamais passé de si bons moments avec eux.
Cela te fera mal comme le pire mal au bide de ta vie.
Je peux te dire de ne pas être amer,
Mais je connais cette douleur.
Seul pendant un long moment.
À te demander
Pourquoi tout a changé
Pourquoi tu as changé ?

Nous menons une vie reposant sur un lointain souvenir.

Lançons une ligne pour attraper une chose qui semblait parfait.
Mais rien n'est parfait.

L'amitié revient vers ceux qui la laissent entrer.
Ce n'est qu'une question de temps avant d'être de retour parmi
les autres.
Tu te sens à nouveau entier.
Juste assez pour t'aider à tenir.
Juste assez pour aider tes amis à tenir.
Juste assez.
Et tu as de la chance d'avoir cela.

Les moments de folie
Nous rappellent
Que même si ça va mal
La magie reviendra.

Rêve éveillé

Nous étions tous en train de rire.
Les heures passaient aussi vite que le Cabernet.
Je faisais tourner mon verre,
Captivé de voir le vin s'accrocher aux parois,
Sillage de jambes liquides descendant
Vers la mer rouge de « plus jamais ».

Voici les belles Européennes.
La dernière fois elles étaient espagnoles,
Et la fois d'avant, elles étaient russes.

Je ne me souviens plus de ce qu'elles disaient.
La fumée de cigarette empêche
De lire sur les lèvres.
Les dialectes locaux se mélangent.
Bientôt, ils forment un seul et même bruit.

C'est ainsi tous les soirs.
C'est ainsi depuis trois ans.

« La prochaine tournée est pour moi ! »
Celle d'après – quand elle arrivera – sera pour moi.
Je me fous que personne ne me demande la permission de charger
ma note de bar.
Je ne me souviens pas de la dernière fois
Où j'ai dit « Non ».

Ainsi va la nuit.
Nous dormons éveillés,
Vivant dans l'obscurité,
La réalité fulgurante d'une ambiance.

Au matin,
Nous tentons de nous rappeler quelque chose, n'importe quoi.
Ce que nous avons vécu.
Ce que nous avons oublié.
Ce dont nous avons rêvé.

Mais il devient de plus en plus difficile
De distinguer l'un de l'autre.

Va vers la musique

Il y a des chansons qui nous font pleurer.
Il y a des chansons qui nous font rire.
Il y a des chansons qui nous détendent.

Mais,
Quand une chanson te touche,
Quand elle t'apporte un sentiment de soulagement,
Comme si le poids de la vie s'allégeait,
Une tempête s'apaise en toi,
Une averse tombe,
Un arc-en-ciel apparaît,
Claire comme de l'eau de roche,
Une vision étrangère de la beauté.

Il y a une chanson là-bas.
Écoute.
Mets-la sur Répéter.
Ferme les yeux.
Laisse les rêves d'hier
Ou ceux d'il y a 5, 10, 20 ans te pénétrer.
Serein et solitaire.
Les suiveurs de foules ne feront qu'essayer
De saisir un tel moment.

Sois seul avec ta chanson.
Laisse la mélodie infiltrer les veines de ton corps.
Le sang affluer dans tous les organes
vitaux de ton corps.
L'oxygène t'apportera un nouveau souffle.
Le frisson de la liberté détruit la conformité.
C'est la seule chose qui nous garde en vie parfois.
Il n'y a rien de mieux que de lâcher prise.

Ne te vante pas au vent

Tu ne veux pas l'entendre.
Vraiment pas.
Si, tu crois que tu auras envie de l'entendre.
Tu as travaillé si dur.
Tu as essayé d'impressionner tout le monde.
Mais tu ne veux pas l'entendre.

Je l'ai entendu plein de fois.
J'ai ressenti l'exaltation,
La reconnaissance,
La douce sérénité du moment.
J'ai touché le ciel.
J'ai serré la main des nuages.

Mais tu ne veux pas l'entendre.
C'est pelucheux, tu sais,
Un compliment.
C'est du maïs fourrager.
C'est leur façon de dire que tu es inférieur à eux.
Mais je ne mange plus de maïs.

Je n'en ai pas besoin.
Je n'en veux pas.
Je sais ce que j'ai réussi.
Je sais que c'est au-delà de leur capacité.
Je sais
Je sais

Tu sauras.
Ne les écoute pas.
Ne compte pas sur eux.
Ne change pas pour eux.
Écoute,
Mais n'écoute que toi !

Tu as
Les informations
La passion.
Tout est en toi.
En toi depuis toujours.
Commence maintenant.
Recommence.
Commence, c'est tout.
Commence déjà par le faire !

Attendre le fera fuir.
Alors si tu attends,
Ne me parle plus.
Je ne veux pas que tu deviennes comme eux.
Ni moi.
Ni toi.
Alors fais-le.
Ne t'arrête pas avant d'avoir fini.
Ne te vante pas d'avoir presque fini.
Ne te félicite pas avant que ce soit fini.
Déjà finir !
Finir.
Putain !
Finir.

Quand tu auras fini – tu seras triste.
Tu ne voudras pas que ce soit fait.
Tu ne voudras pas que ce soit terminé.
C'était tout pour toi.
Cela faisait partie de toi.
C'est alors que tu sais que c'est bien.
C'est alors que tu comprends que tous ces connards
Ont été nuls de bout en bout.
Ils n'auraient jamais pu faire
Ce que tu as créé.

On les emmerde.
On les emmerde tous.
Putain, toi et toi seul peux faire ça, crois en toi.
Parce que tu es né pour le faire.
Tu es fait pour ça.
Ensuite,
Ne dis pas un mot.
Garde le silence.
Sache que tu l'as fait.
Il importe peu qu'un autre le sache.
Non.
Vraiment pas.
C'est seulement important pour toi.

Je ne peux parler sans la voix.
Je ne peux écouter sans l'ouïe.
Je ne peux ressentir sans l'écriture.

Nervosité

Cela recommence.
Mon cœur s'emballe.
La fumée sort de mes oreilles.
Ma respiration est forcée.
Parfois j'aimerais pouvoir calmer le feu.

Mais ce sera toujours là :
Le travail
Les femmes
L'angoisse de la page blanche
Même ce putain de métro

Il y a toujours quelque chose.
Je pourrais tout laisser en plan, j'imagine.
Alors,
L'angoisse,
La déception,
Et le doute de soi disparaîtraient.
Je suppose que ce serait la solution de facilité,
La façon la plus simple d'échapper à la frustration.

Mon estomac pourrait être aussi calme qu'un lac,
Et ne plus se fracasser comme une mer démontée.
Je trouverai une forme de paix intérieure.
Je pourrais enfin dormir
Et dormir.
Seulement dormir.

Il ferait plus froid alors.
Je n'aurais pas le travail,
Je n'aurais pas les femmes,
Je n'aurais pas besoin d'écrire.
Je serais froid.

Je ne veux pas geler,
Même si avoir le sang chaud me fait tout perdre.
Et donc,
Ça bout en moi,
Comme toujours.
Je ne peux rien y faire.
Alors,
Je continue d'écrire.

Troubles à New York City

New York City peut vraiment être une ville de merde.
Je veux dire, que doit faire un mec ?
S'il cherche les ennuis, il n'a pas à aller bien loin.

La plupart du temps, ils le trouveront.
La ville se nourrit de troubles,
Elle en profite, même.

Les troubles,
Je pense qu'ils sont au cœur du problème.

J'écris cela à six heures du matin.
Je ne peux même pas regarder par la fenêtre.
Sans blague, une ambulance vient de s'arrêter
Devant mon immeuble.
Les lumières bleues et rouges dansent sur mon visage.
Tu parles d'une distraction.

Les ennuis
Et d'autres problèmes m'attendent.
Je ferais mieux de prendre une douche d'abord.
Non,
Fais chier.
Je n'ai pas envie aujourd'hui.
Et puis,
Qui verra la différence ?

Yeux

Elle était assise en face de moi.
Ses yeux étaient des perles sombres
Aux reflets bleus dans la lumière.
Il y avait beaucoup de choses dans ces yeux.
J'y vis une promesse dès le départ.

Il y avait d'autres choses.
Je pouvais voir les moments de tristesse.
Je pouvais voir les moments de chagrin.
Je pouvais voir la souffrance dans ces yeux.
Ce que je vis en premier était un instinct de protection.

Je savais qu'elle songeait à me laisser entrer,
Mais il faudrait du temps,
Une petite ouverture.
C'était souvent le cas.
Et quand mes yeux s'agrandirent
Je pus voir les siens devenir moins accueillants,
Comme les portes d'une forteresse.

Elle ne savait pas si elle voulait que j'entre.
Les gardes étaient en position.
Je sus que je n'y arriverais pas ce soir.
Aucun problème,
Je n'avais pas le cœur à tendre une embuscade.

Je pourrais peut-être essayer la prochaine fois,
Ou bien c'était la seule chance que j'aurais.
Je voulais la toucher.
Mais cela ne dépendait plus de moi.

Elle partit,
En me laissant un dernier souvenir.
Ses cheveux noirs fouettèrent l'air
Et elle se retourna.
Je vis le bleu de ses yeux s'intensifier.
Je n'y étais pas encore.
Je n'y étais pas.

Si j'attendais,
J'y serais,
J'y serais bientôt.

Les gouttes d'eau provoquent la folie,
Il en faut juste une grosse
Pour me rendre fou !

Tout risquer

(Succès récent, mauvaises habitudes excusables)

« Il y a un truc avec ce type »
« Il a vraiment tout pour lui »
« Quand il entre quelque part, l'ambiance change »

J'ai entendu dire ces choses sur moi.
Je suppose qu'elles reflètent ce qu'ils pensent de moi.
Il peut même y avoir une certaine jalousie.
De mon côté,
Si le type à qui ils pensent a tout pour lui,
Eh bien,
Je les envie.

Ils n'ont pas à s'inquiéter
Ni à entrer dans la salle, le ventre noué
Terrifiés à l'idée de tout foirer.
Chaque gorgée que j'avale est suivie
Rapidement par une autre.

J'ai l'impression de ne pas être à ma place.

Et je me force à sourire et continue à badiner
En évoluant dans la salle,

Je ne veux pas tout gâcher.

J'espère désespérément ne pas le faire.
Bois,
Bois, bois
Bois, bois, bois.
Bien, mon garçon, tu te débrouilles.
Mon esprit s'embrume
Et je devrais être sur mes gardes
Mais ne le suis pas.

Voilà comment les héros deviennent des zéros.

On s'étreint, on se fait la bise.
Je m'accroche au dernier verre.
Les barmen connaissent mon nom maintenant.
Ils contournent les règles et servent une dernière tournée.
J'aimerais qu'ils n'en fassent rien,
Mais ce n'est pas de leur faute.

Je les ai abusés,
Ou j'essaie de me leurrer moi-même, peut-être.

Je marche dans la nuit fraîche.
Les rues animées sont bondées.
La ville est fidèle à elle-même :
Un cocktail mêlant deux poisons,
Espoir et désespoir.

Le taxi jaune s'arrête, je le prends.
Je pourrais continuer aux Tuttles.
Shane me servirait du Malbec.
Je réfléchis,
J'ai mon compte pour ce soir.

J'ai de la chance ce soir.

Retour à Astoria.
Retour à moi-même.
Le spectacle est terminé.
Les rideaux sont fermés.
Je suis assis dans mon appartement.
Je suis satisfait.
Je suis au repos.

Le prochain spectacle est pour demain.
Je dois m'y préparer.
J'espère trouver mes repères.
J'espère pouvoir m'adapter.
J'espère ne pas les décevoir.

J'espère pouvoir rester le héros.

Étang

(Paradis de l'alcool)

Il y a un attrait,
Une tentation.

Un étang.

Nous pensons qu'il est facile d'y entrer.
Alors nous touchons l'eau.
Nous aimons la sensation.
Elle est inhabituelle.
Nous avons l'impression de faire partie d'un grand tout.

La grandiose grandeur.

Jusqu'aux genoux.
Jusqu'à la taille.
De plus en plus profond.

Si profond que nous sommes engloutis.

Si nous avons de la chance, nous nous souvenons.
Nous sautons pour remonter.
Alors seulement nous pouvons à nouveau respirer.

Nous sortons en courant.
Au sec, nous sommes bien.
Tremblants, nous regardons.

La surface lisse de l'eau ondule comme de la soie.

C'est un chant pour certains.
Ils se penchent pour mieux entendre.
Il semble si beau.

Étanches, nous oublions nos inhibitions.

Nous faisons semblant de croire que l'étang nous donne ce dont
nous avons besoin,
Tout ce que nous avons toujours voulu.
Alors nous faisons le premier pas.

Et le suivant.
Nous sentons la gravité de l'étang un peu plus à chaque pas.

Tout comme la dernière fois.

Un jour, nous arrêtons de bouger.
Notre dernier souffle s'envole.
Prisonniers de la situation.
C'est alors que la rive devient comme invisible.

Si seulement nous nous interdisions de nous noyer.

Si nous avions su admirer l'étang de loin.
Nous aurions pu rester en sécurité sur le rivage.

Café renversé

Une fille dans le métro renverse son café,
Un plein gobelet.
Une flaque de grains moulus bruns
Se mélange à la crème
S'étale entre ses pieds.
Elle observe les autres passagers
Au moment où un épais ruisseau se répand
Comme les racines d'un arbre.
Les pointes des pieds effleurent la caféine.
La fille est assise avec un visage de garce.
Elle regarde ailleurs,
Remet ses lunettes en place sur son nez.
Certains grimacent.
Elle fait comme si elle ne remarquait pas,
Choisit plutôt de le prendre sans sucre
Comme elle traite la misère d'aujourd'hui.

Sois toi-même, sois meilleur et sois beau.

Si tu dois

Si tu dois lui dire – vraiment lui dire.
Si ton cœur bat la chamade
Parce que ton sang s'y engouffre,
Alors dis-lui.
Si tu as du mal à avaler la moindre bouchée,
Dis-lui.

Si tu n'es pas sûr,
Ne lui dis pas.
Si tu as l'intention de lui dire
Parce que ça te vaudra une bonne baise,
Ne lui dis pas.
Mentir coupe les ailes.
Trop d'hommes, prêts à s'envoler, restent cloués au sol.

Elle ne veut pas de *maintenant*, elle croit au pour *toujours*.

Mais si tu lui dis, prépare-toi.
Elle peut ne pas répondre.
Elle peut ne pas être prête.
Mais si tu dois lui dire – dis-le.
Dis-le avant qu'un autre le fasse.
Car il y aura un autre.
Il guette en ce moment,
S'imagine avec ta nana.
Dis-le,
Si tu le penses vraiment.

Si elle décide de te quitter après que tu l'aies dit,
Laisse-la partir.
Ne te bats pas pour lui redire.
Ne sois pas convaincant.
Elle sait ce que tu as dit.
Elle sait ce que tu voulais dire.
Elle a attendu toute sa vie de l'entendre.
Alors, tente ta chance.
C'est la seule occasion que tu auras.

Mais pourquoi prendre le risque ?
Et si elle ne te le dit pas en retour ?
Et si elle te le dit en retour ?
Et si elle le fait ?

Donne à tes ailes la capacité de battre.
Ton cœur s'emballera.
Ta vision deviendra nette.
Tout te rendra euphorique.
C'est mieux que
L'argent
La gloire
Ou avoir une femme magnifique...
Qui n'est jamais prête à s'envoler.

Si elle le dit,
Tu dois protéger cela,
Tu dois le chérir.
Parce qu'après lui avoir dit,
Tu dois lui montrer.
Et lui montrer encore !
Si tu ne le fais pas,
Elle croiras que tu as menti.

Et si tu mens,
Tu rendras cela plus difficile pour des gars comme nous.
Il sera difficile pour nous de lui dire.
Donc si tu dois lui dire – sois prêt à lui montrer.

Putain de merde

Nous essayons de corriger nos erreurs,
Les erreurs du jour,
Les erreurs d'hier,
Et les pires de toutes,
Les erreurs profondes,
Enracinées dans nos tripes,
Qui réapparaissent
Dans des moments où nous pensions les avoir oubliées.

Il est logique que nous voulions nous en débarrasser.
Purifiés
Sauvés
Comme la religion, j'imagine.
Une source de croyance.

Mais je ne crois pas aux forces supérieures.
Non, je pense que c'est une arnaque.
Une façon de capitaliser sur les émotions primaires de l'humanité.
Un stratagème pour vendre le salut.

Il n'y a qu'une seule personne qui peut te sauver,
Et,
Réciter des prières ou joindre les mains ne va pas te
Relier à lui – elle – ça – à toi.
C'est un choix mental.
Qui vient de notre propre capacité à nous pardonner.
Qui n'exige aucune démonstration d'adoration.
Il peut arriver quand
Tu te brosses les dents
Ou manges un hot-dog,
Ou, merde, quand tu vois une crotte de chien.

Oui, tu as été créé par un drôle de miracle,
Mais ces gens ou des énigmes sacrées ne te font pas.
Ni n'influencent
Tes décisions,
Tes croyances.

Les erreurs arriveront.
Elles s'accumuleront au fil de la vie, normal.
Il ne dépend que de toi d'avancer.
Toi seul peux prendre le balai
Et les envoyer balader.

Jolie imperfection

Certaines personnes sont magnifiquement imparfaites.
Il peut être difficile de le voir au premier abord.
Ça doit être difficile pour eux.
Je parie qu'ils aimeraient qu'on puisse corriger leur défaut.
Qui connais-tu
Qui admettrait cela ?
Personne, je suppose.
Ils évoluent dans la vie, plus élégants que jamais,
Se demandant comment ils ont pu arriver là.
Comment arrive-t-on là, d'ailleurs ?
C'est triste, vraiment.
Mais ils s'éveillent à un jour nouveau,
Découvrent, mal à l'aise, les honneurs de la société,
Désarmés par la première impression qu'ils laissent,
Et pourtant, diablement beaux.

Je ne veux pas
Écouter des histoires,
Je veux
Les raconter.

Feuilles

J'aime être triste... parfois.
C'est le seul moment où je sens mon pouls battre.

L'émotion brute peut rendre aussi solitaire que l'humilité.
Enseveli sous les montagnes de feuilles d'automne,

Attendant le baiser de l'hiver,
Les feuilles gelées sous les flocons,

À l'abri de la subjectivité,
J'ai l'air comme tout le monde.

J'attends le printemps,
La tristesse.

Il est permis de fondre,
Les feuilles sales.

Il est temps de ratisser.
Ma vue est dégagée

Jusqu'au prochain automne
Et l'automne toujours approche.

Verre brisé

J'ai oublié de mettre le verre sale dans l'évier.
Et merde ! Je suis assis dans mon fauteuil,
Prêt à regarder un film.
Je devrais débarrasser ce verre.
Je n'ai vraiment pas envie.
Mon esprit survole les tâches de demain,
Les menues corvées qui nous découragent,
S'accumulent, en attente de déblayage.

Le maudit verre me fixe.
Il est sur le rebord supérieur droit du chariot-bar.
Ce n'est pas grave
Mais je m'en sers
Comme d'une excuse pour tout le reste.

Parfois j'aimerais avoir le courage
De ramasser le verre et de le jeter contre le mur.

Tu sais, un genre de défouloir.
Je regarderais le cylindre s'envoler plein de vie dans les airs
jusqu'au mur et se fracasser avec le joli bruit que fait le verre en se
brisant.
Floc, crack, cling.
Des bouts de verre cascaderaient sur le sol – chacun créant une
symphonie de tonalités,
Une mélodie unique dédiée aux forces
De la nature volage des éclats de cristal.

J'aimerais avoir le courage de faire plein de choses.

Mais j'ai déjà assez de soucis.
Je rangerai le verre demain avant de partir au travail.
Si j'oublie, je m'en occuperai plus tard.

La compagnie des jeunes

Je m'entoure de jeunes
Pour oublier ma fragilité.
Je n'ai pas peur de vieillir.
Ce sont les effets de l'âge qui m'inquiètent.
J'ai la trouille d'oublier ce qu'est la fraîcheur.
Alors je m'entoure de jeunes.

Ils ne sont pas fascinés par l'agitation.
Leur âme est ambitieuse.
Ils n'ont pas eu assez de déceptions pour se sentir coupables.
Ils forment une population neutre
Ils flottent aussi librement que des nuages dans le ciel,
Sur le fond bleu intense
Des volutes blanches de pure innocence.

Je vais sur mes 30 ans.
Mes cheveux sont moins denses.
Merde, je les perdrai bientôt, je le sais.
Mon bide grossit plus vite qu'avant,
Les gueules de bois durent plus longtemps,
Alors que cela ne traverse pas l'esprit des jeunes.

Même s'ils plaisantent sur mon âge,
Et même si j'ai l'air d'un mec flippant
Qui a besoin de grandir,
Ils savent que c'est différent.
Ils le voient dans mes yeux.
Le courage illusoire d'un homme qui persévère
Refusant d'abdiquer face au monde.

Quand je vois leur regard changer,
Souvent quand je m'y attends le moins,
Lorsque le renoncement l'emporte sur le combat,
Lorsque les braillards arrêtent de hurler,
C'est alors que je dois trouver de nouveaux compagnons.
Je ne peux pas être au milieu d'autre chose.
Je ne peux pas.
Simplement pas.

Je serai toujours entouré d'amis jeunes.
Je vis de leur passion du chaos.
Je me bats pour être plus calculateur,
Parce que même avec ma sagesse,
Je ne peux m'empêcher d'être fasciné par leur indocilité,
Que leur grande naïveté excuse.
Parfois, même quand je sais
Que je devrais respecter les règles de la société,
Je me leurre moi-même, voulant vibrer
À nouveau du sentiment d'invincibilité.

Je me surprends à y croire.
Sinon, il ne me resterait plus grand-chose.
Je deviendrais comme ces gens qui regardent en arrière.
Je déciderais que cette époque est révolue.
Un souvenir...
Mieux vaut ne pas être là si m'arrive.
Vous ne supporteriez pas la tristesse infinie dans mes yeux.

Alors je tiens bon.
Le frisson de l'aventure est plus important
Qu'atteindre la destination finale.
Voilà pourquoi je me retrouve auprès des jeunes.

L'histoire ne s'arrête jamais.

Tout le monde est un peu hypocrite,
Souviens-toi de ça
Et tu iras loin.

Le Soleil brillera demain

Tel un ciel sombre,
Une nappe de grisaille voile facilement mon courage.
Aujourd'hui, je me suis éveillé sous un ciel limpide.
Le soleil chauffait mon visage.
Je ne voulais plus me cacher.

Fuir la folie qui m'habite
(Moment de mélancolie radical)

C'est vrai, nous pouvons tous être égoïstes,
Mais pour l'amour du ciel,
Cela a-t-il du sens ?
Le monde, notre vie,
Peuvent être vraiment merdiques.

Je m'éveille parfois en espérant avoir perdu l'odorat et le goût.
Ce serait mieux ainsi :
Je n'aurais plus de haut-le-cœur
À sentir les phéromones malodorantes du désespoir, de la
tromperie et des attentes déçues.

J'espère qu'il aura des jours plus cléments.
Oui, je sais combien ce passage est dramatique.
Je hais d'avoir à l'écrire,
Mais c'est une phase que je traverse.
Une phase qui dit
Merde !
Putain !

En fonçant vers le pont de Queensboro,
J'emprunte toujours Crescent Avenue.
Je n'en démords pas.
Je marche seul.
Cela me va.

Personne ne doit me voir ainsi.
J'ai envie de pleurer ; des larmes légitimes se forment.
Je ne dois pas – ne le ferai pas – mais j'en ai envie.
S'ils me voyaient ainsi,
Les gens fuiraient ma compagnie.

Mais pourquoi ?

Ne sommes-nous pas tous démoralisés par moments ?
Si – mais personne n'en pipe mot.
J'inspire profondément.

Je cours, et mon esprit suit le rythme de mes pieds.
Je vais bien, je vais bien,
Pour l'instant.

Je ne peux faire mieux.
Personne ne peut faire mieux.
Mes pieds frôlent à peine le pavé,
Mais ils continuent d'avancer.
Et je ne suis pas sûr
De m'en soucier
Bien longtemps.

Le Grec à la station Astoria-Ditmars

Les plats sont les mêmes.
C'est la deux-centième fois que je mange ici.
Et pourtant, aujourd'hui, quelque chose a changé.

Je donnerais tout pour marcher sous la voûte étoilée,
Sa main dans la mienne,
Même si au fond, je sais…
Mais peut-être me suis-je trompé.
Je me fous de savoir qui a raison.

Je vois les choses différemment.
Je suis un renégat cyclique en attente du prochain frisson.
Désormais, j'avance plus assuré –
Ou du moins je tâche
De m'en convaincre.
Il est facile de céder à un fantasme.

Impossible d'aller plus vite.
Mes mains ne peuvent porter autant de choses,
Et c'est elle que je veux tenir.
Elle est peut-être finalement la seule dont j'ai besoin.
Au moins, quand elle est là, le goût des plats est meilleur.

Les poèmes
Expriment vaillamment
L'ambiguïté
De la vie

Un épuisement teinté de simulacre

(Vernis d'incohérence)

Nul meilleur sentiment que celui d'être en sécurité.
Mais bon sang qu'il est difficile de l'éprouver.
C'est un prédicat issu d'une illusion.
On en devient victime.
Petit à petit, on en revient,
Car on n'est plus dupes des illusions.
Rapidement, chacun connaît une impression semblable :
Une dissonance désespérée
Qui s'infiltre partout où l'insécurité fragilise.
Victime d'une inhibition,
Qu'il vous faut défier.
Il le faudrait, mais comme c'est exaspérant,
De voir ses certitudes meurtries par une peur résiduelle.
Une crainte inédite montre ses dents.
Nul autre sourire en vue,
Chagrin de l'esprit défaitiste.

Entre les lignes

Tout est cadré,
Structuré pour être parfaitement à sa place.
Je ne suis pas fait pour rester entre les lignes.
Mais j'imagine – par moments – qu'il le faudrait.
La conformité me fait grimacer.
Les lignes noires en rien ne me guident.
Non, elles limitent au contraire,
Un obstacle qui te pousse à la folie.
À l'excès d'alcool
À la solitude
À l'écriture

Elles t'emmènent loin, très loin
De ceux qui vivent entre les limites.
Si seulement elles s'aventuraient dans les espaces blancs.
Ose aller là-bas.
Ne laisse pas la peur te mettre en cage,
Comme un tigre dans un zoo,
Une bête ayant la capacité de rugir.
Une bête qui, attachée, ne peut qu'observer.
Rêve d'un jour meilleur.
Rêve de te réveiller.
Rêve d'être différent.
Bazarde tout ce qui t'enchaîne.

Il faut être une bête sauvage pour être libre,
Et la plupart d'entre nous ont la capacité de crier.

Coincé

Tu n'es pas coincé.

Je sais qu'au quotidien, tu te retrouves
Dans des endroits,
Dans des emplois,
Ou avec quelqu'un qui ne te convient pas.
Tu pourrais croire impossible d'en sortir.

Tu n'es pas coincé.

Tu peux sortir.
Tu peux bouger.
Tu peux démissionner.
Tu peux rompre.
C'est à toi seul d'en décider.
La peur du changement est la seule chose
Qui te retient.
Pars à l'aventure.
Trouve une voie libre.
Jette la carte routière,
La vie est une route chaotique.

Il n'est jamais trop tard pour prendre un nouveau départ.

La religion est une arnaque.
Ils devraient donner l'argent à une bonne cause.
Mais, là encore,
Ce serait probablement une autre arnaque.

Le bruit intérieur

Ma tête est pleine
De pensées trop incandescentes
Pour être appréhendables par un homme,
Nul ne pourrait se concentrer sur une seule.

Juste une profusion de possibilités,
Plus celles qui troublent déjà ma vision
Le stimulus d'aujourd'hui crée un nouveau bruit d'orage.

Retour au point de départ

Le train A s'ébrouait sur les voies.
Rockaway n'était pas en vue
Mais on approchait de l'avenue Utica.
J'étais anxieux.
Pas certain d'être à ma place.
Je buvais une bière Beck's
Dans un grand mug Dunkin Doughnuts.
Cela me détendait.
Je me foutais de savoir que nous étions partis
Depuis plus de deux heures et demie.

J'étais encore sous le coup de la veille au soir
Un Quatre juillet.
Hier, la bête riait parmi les cieux.
Tout était si confus.
On eut dit que le ciel était en feu.
Je le contemplais du balcon d'un inconnu,
Épris tout le long d'une tendresse misérable.
Les textos et les appels.
Le désir d'être avec quelqu'un... n'importe qui
Mais je n'ai rejoint personne la nuit dernière.
Je pensais que la fille,
Dont j'aurais aimé la présence, n'était pas là,
Et que les filles qui me voulaient,
Ressentaient la même chose.
Je ne me connaissais pas.
J'ai peur de changer.
Devenir un homme,
Me pèse lourdement.
Une décennie de chaos semés derrière moi
Est arrivée à terme cet été :
Les fêtes, l'alcool, l'immaturité,
Le dégoût intarissable du système,
L'éternel combat sans victoire.

Cynthia ne le savait pas,
Mais elle me rappelait tout cela
Tandis que notre train roulait,
Elle ne savait pas que je la menais dans l'endroit
Incarnant mes vingt ans

La jeunesse est mue par une vision qui se meurt
Dès lors qu'on y résiste.
Je réalisais alors l'étendue de mes résistances.
Mes opportunités
Mes amis
Moi-même
Parfois cette vision revenait
Mais il était plus simple de la nier tout à fait.

Broadway Channel, puis changement de train.
Cynthia pestait contre son petit-ami.
À l'écouter,
Je compris qu'elle parlait d'un semblable.

"Homme" est une pensée effrayante pour les garçons.

Rester jeune à jamais n'a rien d'attirant,
Qu'importe l'intensité du dévouement.
Peut-être étais-je trop dur avec moi-même.
Ou bien je suivais le mouvement, à nouveau.
L'auto-dévalorisation se dissipe aisément
Chez l'esprit convaincant.
La piqûre disparaît après quelques frictions.
Mais la trace demeure.
J'étais une victime privilégiée de ces attaques.
Et j'en redemandais.
Par habitude.
J'en avais comme... besoin.
Pour me rappeler au moins
Que je ne devenais ni vieux ni ennuyeux.
Il me faut un stimulus, une personne, une situation
Pour m'occuper chaque instant du jour.
Puis, lorsque je m'éveillerai plein du sentiment déchirant de
l'indifférence,
Je ne prendrai plus position.
Jusqu'à ce que je m'en sente de nouveau les épaules.

Voilà pourquoi nous sommes allés à Rockaway.
Là-bas, je sentais toujours quelque chose.

Une tête de déterré

J'arrivai au bureau crevé –
Et le pire
Était que j'avais l'air crevé.
Je ne pouvais pas masquer les quatre heures de sommeil.
Le réveil tardif.
Les joues non rasées.
« Tu vas mourir si tu ne prends pas soin de toi. »
Merci, collègue avec trois enfants.
« La mort, tu dis ? »
Presque une bénédiction.
Au moins je pourrais me reposer.
Veiller jusqu'à 2, 3 heures ne convient pas à un 9h-17h
C'est le problème avec l'ambition :
L'échec ne peut assagir une âme obstinée.

Le succès ne te tuera pas –
L'ambition d'y arriver, si.

Alors continuer d'aller au boulot.
Continuer d'écrire des nuits entières.
Reproduire les erreurs dont je n'ai pas encore pris conscience.
Car le soleil brille sur les esprits préparés.
Le reste demeure dans l'ombre,
Et je refuse d'être jeté dans les ténèbres de l'Enfer.

Je ne peux m'empêcher d'être amoureux de tous
Les aspects infâmes de la ville de New York.

La colère grondera

Elle est là, je la sens.
Comme j'aimerais qu'elle s'en aille.
Que le bouillonnement s'apaise
Que l'eau retrouve son calme.

Mais la marée attend, élégante.
Le chaos est imminent.

Détendu désormais, je suis en parfait contrôle,
Mais je n'ai aucune prise sur la marée.
Elle tique telle une bête guettant sa proie.
Prête à exploser.

Elle surgit au moment le plus vulnérable.
Je suis faible et je le sais.

La vague monte.
Elle s'écrase en moi.
Tous les gens autour de moi regardent avec dépit.
Incessant est son flux.

Impossible de l'arrêter.
Tout en moi devient mauvais.
Mais mes muscles sont plus tendus que jamais,

Comme un boxer. Il attend le moment propice.
Son excuse est de pulvériser
Son adversaire...
Sa rage...
Sa peur...
Ses contradictions...

Les puissants dominent ce qu'ils contrôlent.
Ce contrôle, je l'ai encore perdu.

Je m'en veux, mais il faut que cela sorte.
Oui, oui – il le faut.
Autrement, la prochaine tempête sera encore plus déchaînée.

Si tu es distrait, Alors tu es comme tout le monde

Nous cherchons les distractions, sans doute.
Un prétexte pour dévier de nos réelles intentions.
Une raison de nous évader
Ne plus chercher à savoir qui nous sommes vraiment.
Dans ces moments,
Tout est facile.
Tu n'as plus à affronter quoi que ce soit.
Cela t'évite d'affronter tes peurs.
À moins d'y mettre un terme, tu seras toujours perdu.
Et même lorsque tu prétends que tu as encore le temps,
Et que tu y « arriveras quand tu seras prêt »,
Tu passeras à côté.
Tu ne connaîtras jamais vraiment tes capacités
Car trop de distractions t'empêcheront de les trouver.

Elle, récurrente

Cela touche au dégoût.
Cela touche à la beauté.
Cela touche à l'horreur.

Dans tous les cas,
Cela touche à la perfection.

Mais l'enfer qui va avec.
L'enfer de tout cela.
Je n'en ai plus rien à faire.
À moins d'avoir une raison inexplicable de ne rien ressentir.

Et merde.
Quand elle est là,
Quand elle n'est pas là,
Je ressens.

Je me souviens d'elle.
Tout me manque.
Même les mauvais côtés.
Alors,
J'écris pour me souvenir d'elle.

Les prédispositions turbulentes se transforment
En mélodies imprudentes.

Comédien dans la vraie vie

Voilà que ça recommence
Et je peine à croire que je laisse faire.
Chaque création
Chaque partie de moi
Tout m'est dérobé
Et je laisse faire.
Le foutu patron me les vole avec le sourire.
Au moins, le salaire tombe.
Tout n'est-il qu'une histoire d'argent ?
J'ai l'impression d'avoir été acheté.
Vous aussi, sûrement.
C'est malsain – oui, presque funeste,
Une mort annoncée.
Nos âmes diluées, ridiculisées, orphelines de certitudes.
Le travail est un purgatoire personnel
Qui encage notre déception grandissante.
Difficile de lâcher les rênes, mais nous laissons faire.
Effondrés face à ce constat :
Notre potentiel est sous-exploité.
Mais nous continuons de pointer.
Les factures sont payées,
Et après nos heures,
Dans les transports qui nous ramènent chez nous,
Nous nous interrogeons :
« Comment se sentir entier à nouveau ? »
« Comment faire partie d'une histoire
À laquelle nous ne croyons plus ? »
Mais nous jouons sur la scène qu'est notre bureau,
Maigre espace alloué
Où dépérissent nos pensées.
Nous travaillons pour des individus qui jamais
Ne comprendront la beauté
Qui nous habite réellement, toi, moi, nous tous.
Lentement, nous nous érodons comme des galets sur la plage.
Le sel et la marée effacent
Notre intégrité friable
Jusqu'à ce que devenus trop fragiles,
Nous nous transformions en sable,
Couchés sur la plage infinie du littoral.

Sourire

Sur le trajet de la maison au travail,
Accroché à la barre du métro ligne N, je la regardais.
Debout, elle mordillait sa lèvre inférieure.
Un visage déconcertant,
Des crevasses comme un faisceau de racines.
Ses rides s'enfonçaient de plus en plus profond dans le sol.

Elle pensait probablement la même chose que moi :
Une nouvelle journée passée avec des gros cons.
Cela ne me réjouissait pas,
Mon talent gaspillé et tant d'hypocrisie,
Frapper les touches du clavier
Derrière mon bureau à côté du réparateur,
Du radiateur qui carillonne comme les cloches du dimanche
Tout ce boucan dans mes lobes temporaux,
Affaiblit ma résistance.
Je vais devenir fou.

Autre jour,
Et je suis serré dans le métro,
Une flopée de visages livides
Souffrant tous du même foutu dilemme.

La femme me regarde brièvement.
Elle relâche sa lèvre.
Peut-être en signe de compréhension mutuelle.
Ou bien elle peut lire sur mon visage
Que j'ai besoin d'un signe.
Elle sourit :
Un sourire furtif, mais néanmoins apaisant.
Il me rappelle que nous sommes tous dans la même galère,
Cette vie de travail de merde :

Ensemble,
Même malheureux comme les pierres.
Alors je lui souris en retour.
Ça me fait du bien.
Je devrais sourire plus souvent.
Nous devrions tous sourire plus souvent.

Le rejet alimente la force de prouver au monde qu'il a tort.

DESTIN LIQUIDE

Le

        destin

             est

                 un

                     verre

                         qui

                             ne

                         se vide

                   pas

               avant

          le

        lendemain

matin.

Cela prendra du temps,
Cela prendra plus longtemps que tu le penses,
Cela prendra plus longtemps que tu le pensais ;
Cela te mettra dans des états où tu auras envie d'abandonner,
Mais si ton endurance peut encaisser les revers
Tu sauras exactement combien de temps il t'a fallu
Pour y arriver.

Bruit de la ville

Il y a du bruit.
Tout le temps.
Même dans le silence de la solitude.

Le radiateur qui ronfle.
Le robinet qui goutte.
Les couvercles des poubelles qui s'entrechoquent.

L'esprit.
Pensées de demain.
Pensées d'hier.
Pensées des jours à venir.
Et le pire... des bruits inattendus.

Cueilli par surprise.
Suffoquant pour essayer de faire silence.
Cherchant un sentiment de contrôle.
Incapable de le trouver.

Tu vas devoir t'y habituer.
Je te conseille de le faire.
Parce que ce sera toujours assourdissant.
Fort... FORT.

Le bruit persiste comme l'air que tu respires.
C'est quand tu retiens ta respiration,
Que tu peux entendre le silence.

Le mouvement des touches

Mon procédé d'écriture ?
J'ai tendance à attendre.
Je commence par écrire des mots.
Des mots que j'espère voir décoller.
Puissant – triste – aimant – désir – vouloir – poursuite – combat
– réalisation – apaisement.
Parfois, j'écris simplement le mot « mot ».
Il me rappelle que mon but est d'écrire des mots.
Ça peut être le soir.
Ça peut être dans une fête.
Ça peut être en faisant l'amour.
Ça peut être en coulant un bronze.
Ça peut être quand un enfant se promène
Avec un sac à dos bleu et
Que je suis jaloux de voir
Qu'il a tout ce qu'on peut souhaiter au monde.
Ça peut être une croûte de dentifrice sur la lèvre du gamin
Ça peut être le sourire communicatif de mon grand-père.
Ça peut être le pourtour d'une poubelle.
Ça peut être l'odeur de la cuisine indienne.
Ça peut être parce que je n'ai pas d'autre choix.
Ça peut être parce que je sens que je dois le faire.
Ça peut être n'importe laquelle de ces raisons.
Et pour les écrivains, il devrait toujours en être ainsi.

Sous la pluie, la fumée s'élève

Sa veste beige flottait devant moi.
La lumière au coin de la 60e et Madison
Donnait au tissu son dernier souffle de couleur.

Elle disparut derrière le tube rayé orange et blanc.
Par cette cigarette géante,
La rue crachait de la fumée.

Haut, très haut, elle s'élevait,
Le ciel n'était plus que brouillard.

Les gouttes tombèrent sur mon épaule.
Les rues chaudes se rafraîchirent.
Le rush quotidien s'apaisa.

Je marchai jusqu'au métro.
Jamais je n'avais vu un ciel si violet.

J'étais prêt à rentrer à la maison.
La ville de New York aussi.

Peu importe à quel point tu veux aimer quelqu'un,
Tu ne le peux s'il ne te laisse pas l'aimer.

Le carillon du vendeur de glaces

À mon réveil, des enfants jouaient dans la rue.
La sonnerie du réveille-matin prit la forme
Du carillon du camion de glaces.
« Merde ! » pensai-je en regardant ma montre.
9:44.
« Bon sang ! Je vais être en retard... encore. »
La veille au soir, je m'étais allongé pour faire un somme.
Ces temps de repos sont censés durer une heure.
Parfois c'est le cas, parfois non.
Ils durent alors jusqu'au matin.
Il m'arrivait parfois de dormir
Plus de douze heures :
De sept à sept.
De grosses croûtes au coin des yeux,
Dues à mes lentilles,
Signalaient que j'avais dormi trop longtemps.

Alors que le vendeur de glaces distribuait ses cônes vanille et
chocolat
Une question me hanta : « Pourquoi fait-il si sombre dehors ? »
Une tempête en approche, sans doute.
Cet été-là, il pleuvait une heure sur deux,
Mais les enfants étaient encore dehors.
J'allumai mon portable.
Seigneur, pourquoi ai-je autant de textos ?
Tout le monde doit s'ennuyer au bureau.
« Merde ! Lève tes fesses Joe ! »
Je sautai hors du lit.
Paniqué, je me précipitai sous la douche.
« Faut-il vraiment que me lave ? Dois-je prendre un taxi ? »
Je me pris à rêver d'une machine à remonter le temps.
« Si j'appelle un taxi, je pourrai y être pour dix heures. »
Dix heures étaient mon horaire habituel,
Et dans la frénésie du moment, mieux valait me rendre au boulot
ASAP.
Je me suis alors souvenu que mon patron était en congé.
« Mon gars, douche-toi, un coup d'eau rapide et ça ira – j'y serai
pour dix heures trente

Ils n'y verront que du feu. »
Mais oui, tant pis – tu inventeras une excuse au besoin.
Un dernier coup d'œil par la fenêtre.
« Y a-t-il une éclipse solaire ? »
Il faisait si noir dehors.
Bien sûr.
Il était dix heures du soir.
Je me séchai et me rallongeai.
Je réglai mon réveil.
Dix minutes plus tard, tout n'était que silence.
Les enfants devaient avoir fini leur glace.

La brûlure du souvenir

La bougie brûle et la mélodie se poursuit.
Nous continuons de vivre en elle.
La mèche a disparu.
Nous nous accrochons à la cire.
Incrustés dans
La lanterne
Le verre
La table
Nos doigts.
Et nous écoutons
La nostalgie se répéter.
Nous chantonnons sa mélodie.

Calculateurs incompétents

Ils savaient que je pouvais le faire,
Mais je ne voulais pas le faire pour eux.
Peu leur importait :
J'avais la sève.
Ils le savaient, et ils attendaient de la boire.
Ils ne le feraient pas tout de suite.
Ils n'ont jamais osé en prendre une gorgée.
Jamais ils ne goûteraient à ses arômes
Ni n'apprendraient d'elle.
Ils n'essaieraient pas de s'en sortir seuls.
Non, ils attendent leur meilleur atout
Jusqu'à ce que la date limite s'approche dangereusement,
Et bien qu'ils aient le temps,
Ils s'évertuent à paraître affairés.
Trop nerveux
Trop imbéciles
Puis, à la dernière minute, ils aspireront ma sève.
Ils utiliseront tout,
Tout de mon expérience.
D'une seule lampée.
Partie
Le pire ?
On ne m'a jamais dit à quel point elle était bonne.
Comme prévu,
Ne jamais rien dire après coup.
S'ils avaient parlé, on les aurait démasqués,
Aussi, les calculateurs ne disent jamais rien.

L'art est purement une intention.
Son moyen d'expression
Est seulement un détail technique.

Jalousie

Depuis la naissance, on nous dit qu'on est spécial.
Chaque année fleurissent plus de louanges.
Notre confiance repose sur le sentiment d'être doué.
Tout est question de réussite.

Trop vite, les encouragements deviennent moins fréquents.
Pour certains, c'est le silence depuis longtemps.
Ils ont raté la première marche du podium.
Et la vérité est qu'on ne se sait pas quand les applaudissements
s'arrêteront... ni commenceront d'ailleurs,
Mais quand ils s'arrêtent – quand on s'y est habitué...
On donnerait tout pour les retrouver.

Les années passant, cela devient moins important.
Tu trouveras probablement ta place dans la vie.
Mais quid de ceux qui ne se posent pas ?
Quid de ceux qui ont besoin d'être entendus ?
Besoin d'être suivis.
Besoin d'être soutenus.

Le fou furieux en chacun de nous attend de rugir,
Et ceux en qui tu as confiance amoindriront ton importance.
Ils te l'enlèveront s'ils jalousent tes applaudissements.
C'est un combat.

La compétition ne supporte aucune compassion.
Elle est ancrée en nous,
Depuis la naissance.
Nous cherchons à nous y accrocher.
Nous voulons en tirer le meilleur parti.
Elle finit un jour par nous obséder.

Mais elle semble si mesquine quand on nous la vole.
La jalousie est la racine du mal.
Cela n'a rien à voir avec
L'argent
Les vêtements

Les maisons
Les voitures
Les biens matériels.

C'est une autre arnaque au bout du compte,
Une combine suintant la mesquinerie,
Une attaque-surprise contre toi.
Le mirage ne survivra que si tu le tolères.
Je ne m'autorise plus à de telles bassesses.
Non, je sais que je suis assez bon.
Les encouragements ne sont plus aussi importants
Qu'avant.

Même ensemble, on est seul

Cela importe peu,
Je suppose,
Que je sois seul
Ou pense l'être.
Pour être honnête, je préfère qu'on me laisse seul,
Mais il y a des moments
Ou j'accepte de la compagnie.
Pourtant, même quand quelqu'un est là,
Je suis seul.
Elle est seule
Mais nous sommes assis,
Parlons conversation
Buvons boisson.
Pendant un moment, nous nous prenons au jeu,
Mais même quand on se réveille ensemble,
Je choisis d'être seul.
Mon esprit fourbit ses pensées
Et décisions pour la journée.
Je sais qu'elle fait pareil.
Aussi nous restons allongés côte à côte.
Il me suffirait de tourner la tête,
Mais je ne le fais pas maintenant.
Je veux seulement être seul.

Écrire quand tu crois être vidé

Fatigue.

C'est le but parfois.

Il est là.

Situé dans un endroit
Où il te reste un brin d'énergie,

Juste assez pour y dénicher
Tes idées les plus belles et les plus dénudées.

Tâchant toujours de te soustraire à la vie
Aux incertitudes,
Aux excentricités
Aux moments d'insécurité :
Telle est la façon dont tu vis.
Ta vie,
Ma vie,
Notre vie à tous est si belle.
Elle pourrait être si belle
Même si nous nous croyons condamnés.
Certes, rien n'est parfait,
Tout est si sublimement cabossé,
Mais si tu relèves tes manches,
Si tu crois en demain,
Ta vie pourra être douce.
Et parfois même sacrément belle.

Une sculpture n'est rien d'autre que le fruit...
de l'imagination d'un autre

Se donner à un autre
Semble être le sujet de discussion favori.
Nous y aspirons.
Nous le redoutons.
Nous le voulons.

Mais peut-être qu'on ne devrait pas le faire.
En quoi est-ce un problème d'être seul ?
Seul, là où tu peux penser par toi-même,
Où tu peux te définir,
Où tu peux être toi-même.

Je n'ai pas envie d'être une statue,
Ciselée et dessinée par autrui,
Modelée pour être parfaite,
Fabriquée sans imperfection visible.

Je m'interroge sur l'intérieur des statues,
Leur aspect brut.
Je veux gratter le vernis
Et voir vraiment ce qu'elles ont dans le ventre.
On observe rarement ces parties.

La plupart redoutent ce qu'ils vont y trouver,
Sans doute en découvrir un peu trop
Sur les autres
Sur toi
Sur moi.

Nous pourrions y trouver une raison de nous en aller.
Je suppose que toute la folie vient de là.
Partir signifierait être seul.
Sans doute est-ce pourquoi nous voulons nous livrer.
Mais pourquoi compromettre ta valeur ?

Il me va bien d'être seul.
Je suis prêt à être patient.
Cela m'effraie un peu,
Mais je suis bien,
Je le suis
Et toi aussi.

Coincé... encore une fois

Je ne supporte pas l'idée d'être coincé.
Coincé dans un bail locatif.
Coincé dans une relation.
Coincé dans un boulot.
Coincé dans l'écriture de ce fichu poème.

Voilà qui explique sans doute pourquoi
Je n'ai pas fait d'études supérieures.
Voilà qui explique sans doute pourquoi
Je flippe des jours, des mois, après une aventure d'un soir
Voilà qui explique sans doute pourquoi
Je préfère écrire qu'être avec les autres.
Je préférerais me foutre de tout ;
Ce serait plus sûr ainsi.

Mais je ne m'en fiche pas.
Je fais attention à tout ce qui pourrait me coincer.
Et de ce fait, je reste coincé.

Je suis coincé avec mes angoisses.
Je suis coincé avec mes erreurs passées.
Je suis coincé à m'autoriser à rire du passé.
Je suis coincé à essayer d'aimer à nouveau.
Je suis coincé avec ma culpabilité.
Je suis coincé d'être encore plus coupable.
Je suis coincé avec l'écriture.
Je suis coincé en attendant patiemment d'être édité.
Je suis coincé avec la peur que cela n'arrive pas.
Je suis coincé avec la peur que cela arrive.
Je suis coincé avec mes cogitations.
Je suis coincé avec les démons qui
Resurgissent de temps à autre.
Je suis coincé avec la nécessité de respirer.
Je suis coincé avec le fait d'être coincé.

On a beau souhaiter autant qu'un autre
Contrôler son destin, cela est vain.

Nous sommes coincés par la nature
Même de ce que la vie nous donne.
Il y aura des jours de chance.
Il y aura des jours difficiles.
Il y aura tout ce qui est entre les deux.
Tu seras coincé.
Je serai coincé.

Être coincé n'a rien à voir avec des choix de vie.
La vie est un cercle vicieux de choix qui nous coincent.

Et tout comme maintenant,
Tout comme à l'avenir,
Quand notre heure arrivera,
Nous cesserons de nous sentir coincés.

Grondement de l'homme

Je gronde parce que je suis terrifié.
Je me bats parce qu'une petite part de moi espère perdre.
Ce serait plus simple alors ; au moins
Je ne connaîtrais pas ce qui vient après le succès.
Si je perds, ce sera fini,
Et
Je ne me sentirai pas coupable de ne pas avoir essayé,
Mais alors, je me souviens que je suis un ours.
Je ne suis pas un être réservé, en demi-teinte.
Non, ce n'est pas si facile.
Je suis impétueux, et mes désirs sont invasifs.
Je ne peux freiner le moteur de mon ambition.
Je suis motivé par les maigres fuites d'espoir.
Je vois chaque adversaire comme une occasion de me battre.
Et cette fois,
Je suis prêt à gagner.

Qu'on soit la flamme
Ou son ombre,
Tôt ou tard,
On est réduit en cendres.

Temps perdu

Fais quelque chose de ton temps.
Ne reste pas assis à jouer sur ton téléphone
Ou scotché devant la télé.
Invente une idée.
Lis.
Oui, lis n'importe quoi.
Prends un dictionnaire, et lis.
Lis le nom des rues.
Je croise des gens qui tapotent l'écran de leur téléphone.
Le font glisser du même mouvement
Dont on tourne les pages d'un livre.
Ce sont des marionnettes, diverties par
Les innovations récréatives.
Gâchis.
On pourrait accomplir tant
En gérant mieux une fraction de notre temps.
Qu'est-ce qui les stimule ces Enfoirés ?
Sérieusement ?
Candy Crush ?
Se plaindre comble aussi le vide.
Ressentiment
Isolement
Vanité
Moments périodiques d'inspiration
Bientôt rattrapés par la peur
De perdre son temps,
Ou de la difficulté de la tâche.
"Je n'y arriverai jamais !"
Et le goût du croire ?
Et le goût du risque ?
Je suis entouré de désillusionnés,
Obsédés
Possédés par l'absence de substance.
Ceux qui sentent des choses !
Ceux qui sont sérieux.
Ceux qui utilisent leur temps de façon productive.
Ceux qui n'ont pas le temps de lire ce poème.
Au fond, je n'en sais rien.

Peut-être n'était-ce aussi qu'une perte de temps ?
Vous savez quoi...
J'ai mieux à faire.

Beauté normale

La beauté que tu cherches se trouve dans :
Les rues où tu marches.
Les sourires que tu partages.
Les sourires inattendus.
La solitude des pensées.
Les larmes que tu verses.
Les mots que tu lis.
Les moments que tu détestes.
Les moments que tu aimes.
L'écœurement dont tu voudrais être débarrassé.
La voiture que tu cognes en traversant la rue.
Le bruit du silence.
Le mot qui embellit ta journée.
Le changement que tu attendais.
Les journées qui ne devraient pas finir.
Celles qui devraient.
La rareté d'une expérience extraordinaire.
L'écrasante abondance de la normalité.

Parce qu'être normal
Est beau.

Laisser mon esprit s'exprimer

L'écriture n'est pas une collision entre pensée et mémoire.
Si c'était facile,
Tout le monde se baladerait
Avec un stylo et un carnet.

La plupart des gens ne s'en soucient guère.
Ils préfèrent ne pas se coltiner ce fardeau.
Ils n'osent pas sonder leur âme.
Ils se reposent sur leurs lauriers.
Je les envie.

Mon esprit est bien trop entêté.
Il galope parce que je le laisse faire.
Et entre deux moments à
Boire
Baiser
Et gâcher mes pensées en d'autres évasions futiles...
J'écris.

Nous nous parlons
Et comme tout le monde
Nous voulons être entendus.
Je deviens sacrément déprimé
Quand je ne peux passer un moment avec mon esprit.

Mais parfois je me tais.
À d'autres moments, mon esprit se tait.
Et quand l'un de nous deux écoute,
Ma main note.

Mon esprit parle en ce moment.
Alors, ne m'appelez pas.
Je prends des notes.
Je ne veux rien rater des paroles de mon esprit.

Je me sens libre à 2h du mat,
Quand le taxi roule sur
Le pont de Queensboro.
Je me penche par la fenêtre et je crie,
Je hurle à pleins poumons.
Je ne suis pas flippé,
J'en ai juste besoin.
C'est ma seule occasion de hurler
Jusqu'à samedi prochain.

Assez parlé
Ne pense pas,
Ressens.

Dégoupille

Elle pensait que j'avais l'avantage,
Mais c'était elle.
Je ne pouvais sortir avec une fille aussi incroyable.
Cela aurait été trop abrasif pour moi.
Je me rappelle seulement de la longueur de ses jambes.
Je pense encore à ces jambes.
Ma main à l'intérieur.
Et quand elle m'a agrippé et serré l'épaule droite,
M'avertissant que c'était trop,
J'ai eu peur de lui avoir fait mal.
Mais non.
Elle en redemandait.
J'ai adoré lui donner.
Chaque coup de reins était meilleur que le précédent.
Elle respirait si élégamment.
Ses poumons étaient si pleins.
Elle était vivante et j'avais l'impression de la sauver.
Je ne pouvais assumer cette responsabilité.
C'est beaucoup de pression pour un homme.
Ouais, on peut faire comme si on s'en foutait,
Ou comme si tu étais une fille à part,
Mais quand on sait que c'est vrai,
Nous nous barrons en courant,
Nous voulons dégager.

L'âme est une grenade à retardement.
Quand nous laissons nos partenaires tenir la goupille,
Nous savons le danger imminent.
Alors avant que quelqu'un nous défie,
Nous filons,
Comme indifférents à la sérénité du moment,
Nous partons
Errer dans la ville comme des hyènes.
Gueuler, nous amuser.
Les femmes ne comprennent pas.
Nous n'avons pas le pouvoir.
Elles l'ont.
Mais on admet seulement ça.
Quand on le sait.
Elles ne dégoupilleront pas la grenade.

Saute

Si faible
Et
Mordant la poussière
La seule vue d'une échelle me ferait pleurer
Parce que le trou
Est trop profond.
Il est impossible d'en sortir.
Le temps
La patience
Une force intérieure venant d'une démission en puissance.
Je me sens proche des gens qui ressentent cela.
Je doute que demander de l'aide
Renforce la confiance d'autrui.
Mais qui peut le dire ?
L'humiliation peut te faire tomber si bas.
Elle peut t'arracher les derniers lambeaux d'amour propre.
Mais accroche-toi.
Tiens bon.
Et tu ne ressentiras plus jamais cela.
Surtout si tu ne laisses pas les autres t'enfoncer.
La force vient de ceux qui refusent d'abandonner,
Et le mérite vient
De ceux qui croient en
Des jours meilleurs
Des jours ensoleillés
Des jours où la pluie emporte tout,
Où sauter est le seul mouvement de tes jambes,
Où tu rebondis si haut,
Plus haut que tu le croyais possible
Plus haut que tu n'es jamais allé.
La vie est là,
Elle n'attend plus que toi.

Nous distribuons les cartes
En bluffant jusqu'à ce qu'on regagne sa mise.

Désir partagé et puis... rien

Je croyais que c'était fini,
Mais c'est arrivé.
Étrange de revivre ça.
Je me suis réveillé
Lovés dans tes bras
Comme avant.

Je suis parti en me demandant :
Espérais-je plus ?
Mais il n'y avait rien.
C'était simplement comme avant.
Ça craint vraiment quand ça arrive.
On se sent impuissant.
L'état vulnérable de l'attente.
Des questions qui t'embrouillent la tête.
Le retour de pensées qui avaient disparu.
L'inconstance des sentiments doutant du romantisme.
Cela semble être le cours normal des choses.
Ça pourrait aller n'importe où.
Il y a une petite ouverture.
J'ai peur d'aller plus loin.
Ça pourrait être bien, mais mon passé m'entrave.
Il m'empêche d'avancer.
Au moment de partir, nous n'avons rien dit.
Comme la dernière fois.
Ce n'était rien.
Il ne se passerait rien.
Il ne se passera rien.
Du moins... jusqu'à ce que j'essaie à nouveau.

Hartford Bound

Le bus s'arrête – repart – s'arrête – attend.
Le ciel devient bleu, gris et noir.
Tout le monde tente d'aller quelque part.
La famille
Une petite amie
Un nouveau job
Certains veulent juste partir,
Sans destination en tête.
Nomades en partance
Pour un autre voyage,
Un autre endroit,
N'importe où sauf ici.

Les poussettes

Le pire cauchemar d'un père à NYC ?
Les escaliers du métro, quand il faut porter la poussette.
Quand l'idée d'être père m'effleure,
C'est la première chose à laquelle je pense,
Devoir la trimballer, passer les tourniquets
Quand les passagers te regardent en pensant :
« Allons, mec, prend un taxi ! »
« Qu'essaies-tu de prouver ? »
« Quoi ? Tu crois que tu es un bon père ? »
« Ah, ouais ? Vraiment ? »
Je ne sais pas.
Ils ont seulement l'air de porter une poussette.
Je crois que je devrais leur ficher la paix,
C'est ce qu'on est censés faire, non ?

Les mots que l'on écrit
Sont souvent plus beaux
Que les mots que l'on dit.

Nos pas seront souvent mal assurés

Même sèche, la chaussée peut paraître glissante.
Parfois, les directions ne sont pas aussi claires
Qu'on le voudrait.
Mais
Nous continuons à marcher.
Oui, il faut bien continuer à marcher
Quitte à souvent tomber.
Malgré les faux pas, les incidents, la malchance,
Nous préférons – non, nous devons – continuer à avancer.

Une fois que nous rencontrons le succès,
Nous ne pensons plus aux glissades,
Mais nous déraperons :
À chaque tournant
Une nouvelle route attend
Gorgée d'angoisse et de désespoir.

Rien d'étonnant.
J'ai vu trop de gens attendre que la voie se dégage.
En apercevant une chaussée faussement glissante au loin,
Ils attendent qu'elle devienne nette.
Un esprit prudent est un esprit malade.

Il est triste le jour où quelqu'un s'arrête.
Il finira par regretter amèrement de ne pas avoir continué.
Quel dommage, merde.
Il ne devrait s'en prendre qu'à lui-même,
Mais il en voudra éternellement à la chaussée.

L'Australienne et Frank

L'Australienne faisait les yeux doux à Frank.
Elle se contentait de sa beauté physique.
Je me rappelle quand mon physique suffisait.
Mes cheveux se clairsèment,
J'ai un petit bidon.
Le sport n'est plus un passe-temps.
Il est devenu une nécessité,
Un moyen de sauver les apparences.
Sinon, mon corps va s'étioler
Comme il le fait depuis mes 28 ans.
C'est sans doute juste un moment d'animosité.
Ça arrive.
Mais demain, je vais à la gym.
Ou, merde :
Je vais plutôt écrire.
Frank n'écrit pas, lui.

Ressaisis-toi

Décrétés solitaires,
Il convient de trouver des moyens de ne pas être seul.
Nous nous efforçons d'appartenir à une communauté.
L'amour lui-même vise à la sécurité,
Une façon de confirmer que nous ne sommes pas seuls.
Mais nous sommes seuls – même entourés.
Nous ne pouvons pas changer cela,
Comme les galets dans le ruisseau
Ou les brins d'herbe dans le champ.
Chaque élément est seul.
Magnifiquement segmenté.
N'essayons jamais d'être autre chose
Que
Nous-mêmes.

Seuls les fous furieux
Sont assez audacieux
Pour s'attaquer
À l'immensité de la tâche.

Un monologue intérieur devrait se taire par moments

Le lever du jour était d'une pureté absolue.
La journée s'annonçait glorieuse.
La soirée d'hier était parfait – elle était parfaite.
Parfaite.

J'étais mauvais.
J'étais aussi mauvais que d'habitude.
Et elle écoutait tandis
Que je tambourinais le comptoir du bar.
J'avais une ouverture.
J'étais anxieux.
Non pas volontairement,
Mais parce qu'elle comprenait mon anxiété
Par rapport au boulot... à elle.

Toc
Toc
Toc
Mon baragouin se mua en paroles absurdes.
Mes lacunes et visions de demain
Mélangées à ce que j'imaginais avec elle,
Tout ce qui serait génial,
Mais je ne savais pas comment le gérer.

Nous sommes partis en bons termes.
Nous sommes partis ensemble.
Nous sommes partis en bons termes.
« Nous. »
Il est agréable de dire nous.
Il semble de plus en plus difficile de le dire.
Être ensemble est un sentiment rare.
Et quand il est là, il peut être difficile à assumer.

J'aurais aimé pouvoir le glisser dans une bouteille,
Une capsule temporelle de pureté,
Loin de toutes nos insécurités.
Voilà ce que je pensais alors.
Voilà ce que je cherchais.
Voilà ce que nous cherchons tous.

Mais arrivés chez elle,
Un décalage s'est produit,
La confusion était débilitante.
Cela concernait à la fois tout et rien.
Tout se passait dans ma tête.

Je ne voulais pas assumer.
Je voulais m'échapper.
Je ne voulais pas être ici.
Je ne voulais pas gâcher cela.
Non.
Non, j'espère qu'elle sait, je n'ai jamais voulu gâcher cela.

C'est une chose que seuls les rêveurs peuvent éprouver.
En route pour la beauté intérieure,
L'esprit peut enfin dormir
Sans la pression du monde,
Des expériences passées,
Des influences,
De toute chose en elle-même.

Le barrage du doute de soi est un poison mortel.
Il peut piquer.
Il peut détruire la beauté de la vie.
Il peut être mal interprété.
Il le peut.
Il le peut vraiment.

Le lendemain matin, c'était manifeste.
Il y avait des maladresses.
J'avais des regrets.
Et le plus triste était que je n'avais pas à en avoir.
Maudite boisson.
À notre précipitation s'ajoutait la confusion.

J'avais détruit la beauté du moment.
Il n'en restait qu'un souvenir souillé.
Ce qu'on n'aurait jamais dû oublier
Avait filé le camp en premier.

C'est la tristesse de bien des choses.
Voilà le vrai problème.
Tout se résume aux choses
Dont on ne devrait pas se souvenir.
Les instants où nous perdons nos inhibitions.
Les moments où nous ne devrions pas insister
Sur les victimes de nos actions.
Mais ce sont ces moments dont on se souvient le mieux.
Non parce que nous le voulons,
Mais parce qu'ils nous touchent plus.

Alors on insiste.
On s'interroge.
On regrette.
On espère.
On souhaite.
On veut.
On désire.
On... eh bien, on s'assoit.
On s'assoit et on réfléchit.

On se demande si les choses peuvent changer.
Si l'espoir est une notion plus cérébrale qu'un fantasme.
Peut-être que les choses peuvent revenir dans la lumière,
Dans un endroit où la vérité
Va réellement nous libérer.

Que nos défaillances inhibées vont nous faire avancer.
Les gens nous regarderont pour qui nous sommes,
Et non pour les erreurs que nous avons commises.
Ils nous verront dans la pureté du moment, non déformée
Par ce qu'on a pu dire ou faire.

Se connaître est le plus grand des défis.
Nous nous efforçons d'y parvenir,
Mais il faut une éternité pour vraiment nous découvrir.
C'est vrai, n'est-ce pas ?

Mais c'est normal,
Parce nous ne sommes pas simples.
Nous sommes complexes.
Tout est tronqué par l'existence
Des choses qui ont précédé.
Le passé est le fauve qui nous mord dans les moments d'espoir.
Il est le temps qui limite nos capacités
Et freine notre progression.
Il est éreintant – oui – en tout point.

J'aimerais pouvoir être avec elle.
Les échanges,
Les moments de réconfort,
Tout était là,
Mais on ne pouvait le voir :
C'était flou.
Peut-être que ça ne sera jamais clair.

Je connais ce regard de biche craintive qui désire
Plus que tout croire qu'une chose va durer.
Même si elle est morte de trouille.
Même si elle ne veut pas s'autoriser
À penser que c'est possible.
Même si elle a déjà souffert.
Même si...

Je suppose que tout tient à cela :
Le « si »
La chance
La possibilité
Voilà pourquoi je sais qu'il y a une possibilité.

Si j'y crois,
Si je le veux vraiment,
Je peux faire en sorte que ça arrive.
Rien d'autre ne compte.

Tout vient du flot de charbon brûlant
Qui s'écoule dans nos veines.
Il est là,
Il est toujours là,
Et il va flamboyer,
Il va s'enflammer,
Il ne tient qu'à nous de le laisser faire.
Même quand le froid semble dominer,
Nous devons croire en la flamme.

Je guette l'étincelle.
J'espère qu'elle le fait aussi
J'espère...
Mais même si elle ne fait pas,
Je m'estime chanceux de savoir qu'elle pourrait s'allumer.
Il fait si froid dans mon ventre.
J'aimerais que le feu l'embrase à nouveau.
Peut-être que si elle pense comme moi,
Il flambera encore.

L'espoir est tout ce qui nous reste.
C'est un billet de carnaval, mec.
C'est généralement une mauvaise affaire,
Mais de temps à autre,
Quand tu t'y attends le moins,
Cela se révèle la meilleure expérience de ta vie.

C'est à ces moments-là que je pense.
Les moments d'espoir.
Les moments de peur légère infusée de pureté.
C'est à ça que je pense.
J'espère seulement.
Vraiment.
J'espère qu'elle pourra elle aussi un jour.

Elle a tous les talents.
J'ai toutes les chances de foirer.
Je refuse de foirer cette fois.
Vraiment.
Non, cette fois je vais essayer.
Cette fois je vais laisser flamber.
Cette fois j'y crois.
Cette fois.
Avec elle.
Elle.
Seulement
Elle.

La lutte n'est pas réelle

Chacun veut se rassurer.
Chacun a besoin d'une histoire.
Un truc qui atteste de la valeur de sa vie.
Sans cela, sa réussite ne semble pas méritée.
C'est seulement une attente,
Et non ce pour quoi il a travaillé.

Pause-café

Je préfère être dans l'illusion que méprisé.
Tout est éphémère –
Même ce café sera bientôt terminé –
Le sandwich Subway –
Le t-shirt I Love NY...
Des emballages divertissants –
Des applications pour nous distraire.
Le progrès est arrêté par notre incapacité
À nous distraire par nous-mêmes.
Observer des inconnus.
Essayer de deviner.
Avoir envie d'en découvrir plus en eux qu'en nous-mêmes.
Partir du principe qu'ils ont plus de projets.
Craignant ne pas être à la hauteur de notre potentiel.
Boire une gorgée.
Ajouter plus de sucre.
Revenir à la réalité, comme tout le monde.

Peu importe que tu gagnes ou perdes,
Un morceau de toi est effacé.

Une magnifique pâte brisée

Un regard de vainqueur,
Une mâchoire carrée, des tablettes de chocolat.
Une victime de la vanité.
Rond, le menton fuyant avec une fossette au centre.
Il n'y a rien de pire qu'être beau,
Quel que soit le foutu sens de ce mot.
Les gens comptent dessus.
Certains plaident pour la beauté.
C'est un spectacle désespéré, triste,

Une béquille qui s'effrite avec le temps,
Un déni qui
Se glorifie jusqu'à la tombe.
Nous cherchons sincèrement des moyens de faire durer
La vanité du passé.
Nous sommes enfermés dans une lutte durable
Pour rénover la façade, c'est-à-dire...
Rien.

Une vie fondée sur la subjectivité.
Une certaine idée du physique.
Un compromis.
Une idée fausse.
Un vice de forme.

Nous sommes frappés par ceux qui se sentent inférieurs
Aux visages les plus horribles ici-bas.
Nous sommes entourés par
Les distractions,
Les esprits faibles,
Et les âmes vides.
Des âmes perdues.
Des âmes désireuses.
Qui veulent quelque chose, aspirent à n'importe quoi.
Espérant qu'elles ont quelque chose à offrir
D'autres que leur joli visage,
Propret, pur et sans cicatrices.
Juste le vide

D'une histoire sans saveur.
Une pâte brisée à garnir.
Un goût fade sans supplément d'âme.

Je porte la honte

À notre façon, nous nous débrouillons.
Nous faisons avec,
Ce sentiment persistant de déception
Comme une bernacle sur un rocher.
Nous l'oublions.
Notre apparence en est modifiée,
La honte tacite du passé,
Les regrets,
L'admiration pour ceux qui
L'ont surmontée aussi

Cela pourrait se reproduire.

Tu pourrais devoir affronter les visages dubitatifs.
Tu pourrais devoir affronter tes propres doutes le matin.
C'est la pire chose qui soit,
Le questionnement.
Nous portons tous la honte du passé.
Sous quoi vas-tu la masquer ?

La liberté

Le Renard Rouge Court

Il est un renard rouge qui partout me suit.
Personne ne peut le voir.
Je ne le mentionne pas souvent.
Si je le faisais, on m'accuserait de folie.
Mais le renard rouge m'épie.
Même lorsque la neige fait rage
J'aperçois sa fourrure rouge
Derrière le rideau des flocons de la gloire.

Nous ne sommes jamais d'accord.
Il grogne parfois,
Surtout lorsqu'il me sent vulnérable.
Il croit sans doute que je vais abandonner.
Il pense sans doute que je vais l'oublier.
Mais je ne tombe jamais si bas.
Non, si c'était le cas,
Le renard rouge partirait.
Je ne peux laisser cela arriver :
Il doit veiller sur moi.

Parfois, je tente de l'apprivoiser,
Mais aussi rapide que sa queue fouette l'air, au moindre contact,
Il s'enfuit en courant.
Il le fait exprès.
Il ne me laisse l'empoigner qu'un court instant,
Qui me laisse entrevoir la pureté parfaite.

Je me vois moi-même quand court le renard rouge.
Il m'incite à continuer la chasse.
Je sais que je l'attraperai un jour.

L'amour est une magnifique erreur.

Photo: Ryan Marcus

L'Auteur

Joseph Adam Lee écrit comme un homme dos au mur.
Franco-Américain originaire de la ville ouvrière de
Lewiston, dans le Maine, il porte les cicatrices de la classe
laborieuse dans chaque ligne. Installé aujourd'hui à New
York, il boit, il écrit, il saigne—car aucun gardien des
portes ne lui a jamais donné la permission.

Coordonnées

Email : joe@therebelwithin.com
Site web : www.josephadamlee.com
Instagram : @joseph.adam.lee

Courrier et Colis

Red Fox Runs Press
C/O Joseph Adam Lee
909 3rd Avenue
#127
New York, New York 10150
United States of America

www.ingramcontent.com/pod-product-compliance
Lightning Source LLC
Chambersburg PA
CBHW051722040426
42447CB00008B/928